KB124047

화가들은 왜 비너스를 눕혔을까?

우리가 '여신' 칭송을
멈춰야 하는 이유

이충열 지음

화가들은 왜
비너스를 눕혔을까?

한뼘책방

들어가며

★

모든 언어의 주어가 '남성'으로 설정되어 있다는 것에 처음으로 이질감을 느낀 것은 중학교 1학년 국어 시간, 황순원의 「소나기」를 읽을 때였습니다. 저는 '소년'에게도 '소녀'에게도 감정이입을 할 수 없었습니다. '소녀'는 '하얀 목덜미'를 지녔고, 5학년이나 되었는데도 들꽃을 못 꺾어 무릎을 다치며, 물이 좀 불었다고 개울을 못 건너고, 소나기를 맞고는 며칠을 앓다 죽는, 너무나도 연약하고 무능력한 존재였습니다. '소년'은 몸이 약한 '소녀'에게 (안심했고) 도움을 주었는데, 그러한 모습에 대해 '순수한 사랑'이라고 답해야 좋은 성적을 받을 수 있었습니다.

저는 '소녀'가 단순히 미성년 여성을 일컫는 말이 아니라 모든 '여성'에게 요구되는 '미덕'인 어리거나 젊을 것, 아름다울 것, 체력·판단력·실천력 등이 부족하여 남성의 도움을 필요로 할 것, 남성에게 도전이나 위협이 되지 않을 것 등을 포함하는 단어라고 생각합니다. 몇 해 전 수많은 '소녀'들이 높이가 다른 삼각형 무대 위에 올라서서 "픽미 픽미" 노래하는 장면을 보았을 때 경악을 금할 수 없었습니다. 10대 중반부터 20대 후반까지의 100여 명이 똑같은 치마 교복을 입고 모두 '소녀'라는 이름으로 불리며 경쟁하고 있었어요. '성실'한 태도 뒤에 욕망을 숨기고, 격렬한 춤을 추면서도 예쁘게 웃으며 카메라를 의식하는 '소녀'들의 모습을 보는 것은 쉬운 일이 아니었습니다.

저 역시 '소녀'가 되고 싶어 '소녀-되기'를 수행하던 시절이 있었습니다. 그랬던 제 자신을 부끄러워하며 혼란을 겪은 뒤 조금이나마 자유로워진 것은 페미니즘 미술을 공부한 덕분입니다. '소녀-되기'를 욕망하도록 교육하는 여성 재현의 역사가 있음을 알았기 때문이지요.

여성주의 관점으로 미술사를 들여다보니 이상한 점들이 많았습니다. 제가 의문을 제기하면 그제야 이상하다고 동의하지만, 그 '위대한 작품'들에 아무도 먼저 의문을 품거나 딴죽을 걸지는 않는 것 같았습니다. 그래서 저는 제 의문들을 해결하기 위해 미술사를 다시 공부했고, 우리가 '미술'로 알고 있는 그림과 조각의 역사 속에 숨어 있는 강력한 이데올로기를 찾아냈습니다.

미술 작품 속에서 우리가 만나는 '바람직한 여성'은 「소나기」의 '소녀'와 크게 다르지 않습니다. 소설 속의 '소녀'가 '소년'의 '순수한 사랑'을 위해 존재하듯, 그림 속 '여성'은 그림 속 남성의 상대-소유물로서 남성의 권력을 과시하기 위해 등장하거나 그림 밖 남성 관객의 눈요깃감으로 존재합니다. 게다가 우리가 아는 대부분의 미술은 '서양미술'입니다. 그림에 등장하는 거의 모든 '여성'은 피부가 하얗고, 초식동물처럼 눈이 크고 턱이 작으며, 대체로 미소를 띠거나 아련한 표정을 짓고, 대부분은 소설 속의 '소녀'보다 성숙하지만 옷을 입지 않은 경우도 많지요.

그게 왜 문제가 되느냐고요? 우리가 텔레비전에서 마주치는 '여성'들도 마찬가지이기 때문입니다. 하얀 피부에 찰랑거리는 머리칼, 아이같이 동그란 이마 아래에는 누구도 해치지 않을 것 같은 여린 일자 눈썹, 왈칵 눈물을 흘릴 것 같은 커다란 눈망울을 가진 가녀린 '여성'들이 춤추고 노래하고 연기하며 언제든 '애교'를 부려줍니다. 정보를 전달하는 앵커조차도 '여성'으로서 꾸밈노동을 열심히 수행해야 하며, 덜 중요하다고 여겨지는 소식을 맡는 경우가 많습니다. 이런 모습이 '여성'의 기준이 되면서 현실 세계에 사는 여성들도 인격체라기보다 볼거리로서만 인식되고 맙니다.

현대인은 시각 경험의 지배를 크게 받습니다. 특히 텔레비전, 영화, 광고, 게임 등 대중매체의 영향을 크게 받고 있지요. 다른 시각 매체에 비해 우리에게 영향을 덜 끼칠 것 같은 '미술 작품'을 이 책에서 다루는 것은, 그림이 여성을 재현했던 방식을 대중매체가 고스란히 따라 하고 있기 때문입니다.

'아름다운' 여성 연예인이나 특정한 여성을 우리 사회에서는

'여신'이라며 떠받듭니다. '여신' 아이돌이 군대에 '위문' 공연을 가면 신을 영접한 듯한 엄청난 반응들을 볼 수 있지요. 그런데 이러한 '칭송'은 그들을 우리와 같은 인간, 인격체로 바라보는 것이 아니라, 구경하고 평가하고 일방적으로 판단하고 상상하고 기대하는 '대상'으로 만드는 일이기도 합니다. 2018년 3월, 인기 걸그룹 레드 벨벳에서 '여신'으로 추앙받는 멤버가 예능 프로그램에서 "최근에 읽은 책이 무엇이냐"는 팬의 질문에 『82년생 김지영』을 읽었다고 답했습니다. 페미니즘 소설을 읽었다는 이유만으로 수많은 남성 팬들이 분노를 표현하며 '탈덕' 선언을 한 이 사건은 의미심장합니다.

한편, 2018년 5월 열린 '월경 페스티벌'에서 불꽃페미액션이 상의를 벗고 '찌찌해방 퍼포먼스'를 펼친 뒤 사진을 페이스북에 올렸습니다. 그런데 그 게시물은 '나체 또는 성적 행위에 관한 게시물'이기 때문에 페이스북 규정을 위반했다며 삭제를 당했습니다. 남성의 유두가 드러나는 근육 자랑 사진들은 검열하지 않다가 여성의 유두만 유독 '성적'이라고 해석한 것이지요. 불꽃페미액션 활동가들은 즉각 페이스북 코리아 본사를 찾아가 상의를 탈의하며 항의했고, 그러자 경찰은 공연 음란죄로 처벌하겠다고 경고했다고 합니다. 운동을 하다가 상의를 탈의한 남성들에게는 절대 직용하지 않는 공연 음란죄를 여성에게만 적용하는 것을 통해 여성을 남성과 동등한 인격체로 보지 않고 '성적인 대상'으로서만 해석한다는 것을 증명한 사건이었어요.

저는 이 두 사건 모두 여성 혐오를 잘 보여주는 사건이라고 생각합니다. '여신'이라는 칭송과 여성의 신체를 '성적'이라고 본 것이 어째서 여성 혐오와 연결되냐고요? 여성 혐오는 '미소지니(misogyny)'를 옮긴 말인데, 우에노 지즈코는 『여성 혐오를 혐오한다』에서 미소지니를 이렇게 설명합니다.

misogyny. '여성 혐오'라 번역되기도 하고 '여성 혐오증' '여성 혐오감'이라 번역되기도 한다. 어쨌든 이런 여성 혐오적인 남자 가운데는 여자를 좋아하는 사람이 많다. 여자를 싫어하는 게 '여성 혐오'인데 여자를 좋아하는 남자가 많다니 이상하게 들릴 수도 있겠다. 그럼 더 알기 쉬운 번역어를 사용해보자. 바로 '여성 멸시'다. 여자를 성적 도구로밖에 보지 않기 때문에 어떤 여자든 상관하지 않고 알몸이나 미니스커트 같은 '여성을 나타내는 기호'만으로 즉각적인 반응을 나타낸다. 먹이를 보여주면 조건반사적으로 침을 흘리는 '파블로프의 개' 실험이 떠오르는데 이 메커니즘이 남성에게 존재하지 않았다면 작금의 섹스 산업은 성립되지 않았을 것이다.

여성에게 기대되는 '여신'의 모습은 어떤 것인가요? 그 '여신'이 되기 위한 노력은 여성이 자신의 생각과 느낌을 존중하도록 돕는 것인가요, 막는 것인가요? 우리에게 익숙한 여성의 모습은 무엇이었나요? 여성 재현 방식 안에 어떤 의도가 숨어 있을까요? 그 의도에 여러분은 동의하시나요? 여성을 재현하는 방식과 우리 현실은 어떤 관계가 있을까요? 저는 이 책이 이에 대한 답을 찾는 데에 도움이 되기를 희망합니다. 또 가부장제 사회의 부조리를 느끼면서도 가부장제가 주입한 '미'의 기준을 내면화하여 분열과 갈등을 겪는 분들에게 도움을 드리고 싶습니다. 여성이 성적 대상으로 소비되고 폭력의 대상이 되는 현실에 분노하고, 도대체 그 이유가 무엇인지 궁금해하는 분들에게 단서를 드리고 싶습니다. 하나의 이미지는 이미지를 생산한 사람의 의도에 따른 것이지 그것 자체로 진실이 아니라는 것을 이해하여, 넘쳐나는 가부장제의 남근중심주의 이미지에 정복당하지 않고, 비판적으로 이미지를 읽을 수 있게 되기를 바랍니다.

차례

▼

▼

1
진단
테스트

본격적인 이야기에 앞서
진단 테스트를 해보겠습니다.
우리에게 익숙한, 유명한 그림과
조각을 보여드릴 텐데요,
그것을 보면서 이어지는 질문에
답해보세요.

★ 진단 테스트 1

이 그림은 르네상스 '3대 천재' 중 하나로 불리는 미켈란젤로
가 시스티나 성당 천장에 그린 〈천지창조〉 중 일부입니다.

1. 그림에서 하나님의 성별과 피부색, 연령대는 어떠한가요?
2. 성경에 하나님이 백인 노년 남성으로 정의되거나 묘사된 부분이
있나요?
3. 성경에 2번과 같은 묘사가 없다면, 미켈란젤로는 왜 하나님을 백
인 노년 남성으로 그렸을까요?

★ 진단 테스트 2

이 그림 역시 미켈란젤로의 시스티나 성당 천장화 중 일부입니다. 〈인간의 타락과 에덴동산에서의 방출〉이라는 제목이 붙어 있으며, 성경 창세기의 내용을 그린 것입니다. 뱀의 유혹에 넘어간 하와가 아담을 유혹해 하나님이 금지한 선악과를 먹게 되고, 이에 하나님은 두 사람을 에덴동산에서 추방합니다.

1. 하와에게 선악과를 먹으라고 유혹하는 뱀은 무엇으로 형상화되었나요?

2. 미켈란젤로는 왜 뱀을 여성의 모습으로 그렸을까요?

3. 아담의 성기가 구체적으로 재현되어 있는 반면, 하와의 성기는 생략되어 있는 이유가 무엇일까요?

4. 19세기 이전의 회화에서 여성의 성기가 구체적으로 묘사된 그림을 본 적이 있나요? 없다면 왜 그럴까요?

★ 진단 테스트 3

왼쪽은 로마의 산타 마리아 델라 비토리아 성당, 오른쪽은 산 프란체스코 아 리파 성당에 있는 조각의 세부입니다. 두 작품 모두 유명한 조각가 베르니니가 만들었습니다.

1. 두 여성은 무엇을 하고 있는 것 같아 보이나요?

감이 잘 안 온다면 표정과 포즈를 직접 따라 해보세요.

★ 진단 테스트 4

미켈란젤로의 조각 〈피에타〉입니다. 아들 예수의 죽음으로 슬픔에 젖은 성모 마리아를 표현한 작품입니다.

1. 성모의 얼굴은 몇 살 정도로 보이나요?

2. 예수가 십자가에 못 박혀 죽었을 때의 나이를 보통 33세라고 하는데, 학자에 따라 36~37세라고도 합니다. 그렇다면 이때 성모의 나이는 대략 몇 살이었을까요?

3. 미켈란젤로는 왜 성모를 실제보다 훨씬 어린 모습으로 표현한 것일까요?

★ 진단 테스트 5

왼쪽은 19세기 '거장'의 작품이고, 오른쪽은 20세기 '거장'의 작품입니다.

1. 왼쪽 그림에서 여성은 무엇을 하고 있나요?

2. 항아리에 든 물을 버릴 때 왼쪽 그림과 같은 자세를 취하는 것이 자연스러운가요?

3. 만약 자연스럽지 않다면, 옷을 입지 않은 여성을 저런 자세로 그린 화가의 의도는 무엇일까요?

4. 왼쪽 그림의 제목은 〈샘〉입니다. 왜 이런 제목이 붙었을까요?

5. 두 그림에서 화가들이 그림의 소재로 삼은 것은 누구인가요?

6. 두 그림에서 유사한 포즈를 하고 있는 여성을 찾아보세요. 아시다시피 19세기에서 20세기로 넘어오면서 사회·과학·문화·예술·정치·경제 전반에 걸쳐 일어난 변화는 그 이전과 비교할 수 없을 만큼 컸습니다. 그런데도 '거장'들이 여전히 벌거벗은 여성의 신체를 그리는 이유는 무엇일까요?

★ 진단 테스트 6

이 작품은 1830년에 일어났던 프랑스 시민 혁명을 기념하기 위해 그린 그림입니다.

1. 그림에서 식별 가능한 남성의 수와 여성의 수를 세어봅시다. 각각 몇 명인가요?

2. 여성은 왜 가슴을 내놓고 있을까요?

3. 여성의 신분, 역할, 직업을 추정해보세요. 만일 여기에 답하기 어렵다면, 남성들을 보며 신분과 연령대 등 파악할 수 있는 정보를 찾아보고 여성과 비교해보세요.

4. 화가는 한 명뿐인 여성을 왜 이렇게 재현한 것일까요?

★ 진단 테스트 7

이 그림은 18세기 후반, 당시 화가 중 최고의 권위를 누리던 영국 왕립 아카데미 회원들의 초상입니다.

1. 그림 속 화가들의 성별은 무엇인가요?

2. 당시 왕립 아카데미에는 여성 회원이 두 명 포함되어 있었습니다. 어디에 있는지 찾아보세요.

3. 이 그림의 화가는 왜 살아 있는 여성 회원을 벽에 걸린 액자에 가두었을까요?

4. 남성 누드 모델 두 명은 남성 화가들과 함께 의자에 앉아 있습니다. 여성의 누드도 그림에 있는데, 어디에 어떤 모습으로 있는지 찾아볼까요?

5. 그림의 오른쪽 하단을 보면 여성의 신체는 팔다리 잘린 토르소로 바닥에 놓여 있고, 남성 회원이 지팡이로 그 배를 짚고 있습니다. 이것은 무엇을 의미할까요? 대부분의 화가들이 서명을 하는 위치에 여성의 모습을 그렇게 재현하여 넣은 이유는 무엇일까요?

★ 진단 테스트 8

이 그림은 서양 회화 최초로 실오라기 하나 안 걸친 '누드화'입니다. 서양 누드화의 기준을 마련해준 명작이라고 평가받지요.

1. 그림 속 여성은 어디에서 무엇을 하고 있나요?
2. 그림 속 여성과 실제 여성의 차이는 무엇일까요?

2번 질문이 어렵다면, 우리의 타고난 몸과 비교해봅시다. 아래 질문에 "예/아니오"로 답해보세요.

2-1. 겨드랑이 털이나 음모가 없는 분?
2-2. 온몸에 점이나 흉터, 주름이 하나도 없는 분?
2-3. 한쪽 팔을 들어 베고 내내 잠을 잘 수 있는 분?
2-4. 야외에서 옷을 다 벗고 잠을 자본 적이 있는 분?

3. 여성을 왜 이런 모습으로 표현한 것일까요?
4. 이 그림을 그린 사람의 지정 성별은 무엇일지 추측해보세요.
5. 진단테스트 5번, 6번, 8번 그림 속 여성들의 포즈에서 공통점은 무엇인가요?

거울 앞에서 팔을 들었을 때와 내렸을 때 가슴 모양을 비교하면서 작가의 의도를 상상해보세요.

★ 진단 테스트 9

이 그림을 그린 티치아노는 이탈리아 르네상스가 무르익었을 시기에 활동하며 큰 명성을 얻은 작가입니다.

1. 침대 위에 누운 여성은 무엇을 하고 있나요?
2. 이 여성은 왜 침대 위에서 옷을 벗고 누워 있을까요?
3. 이 그림을 주문하여 소유하고 감상한 관객의 신분과 성별은 무엇이었을까요?

2
백문이
불여일견?

이미지는 생산자의 의도가 담긴 기록물입니다.
그런데 우리는 눈 앞에 놓인 것들을
곧이곧대로 믿고, 받아들이도록 훈련받았습니다.

〈전설의 고향〉이라는 드라마가 있었습니다. 제가 어렸을 적에 엄청나게 인기를 끌었는데, 주로 귀신 이야기였어요. 저는 이불을 뒤집어쓰고는 눈만 살짝 내밀고 보다가, 무서운 장면이 나올 것 같으면 이불로 눈을 가리고 비명을 질러대곤 했어요. 부모님은 그런 저를 사랑스럽게 바라보셨지만, 가끔은 냉정하게 설명해주셨지요. "저건 진짜로 밤이 아니라 조명을 꺼서 캄캄하게 만든 거야." "저건 피가 아니고 물감이야." "저 사람은 귀신이 아니고 분장을 한 거야. 저 사람은 죽은 시늉만 하는 거지, 진짜로는 죽지 않았단다."

어린이가 상상의 나래를 펼치는 데에 찬물을 끼얹는 말 같지만, 제 상상력에는 별 지장을 주지 않았던 것 같아요. 저는 제가 보는 것들이 '연출'된 것임을 일찍부터 알게 되었고, 무언가를 보이는 대로 믿기보다는 그것들이 어떻게 만들어졌을까 상상하게 되었으니까요. 이미지는 그 자체로 사실이 아니라, 그걸 만든 사람이 어떻게 보여주고 싶은가가 반영된 것임을 조금 일찍 알았던 것이죠.

위대한 거장들은 미술 작품에 그들의 모든 것을 바치고 작품 때문에 고통을 받으며 심혈을 기울였으므로, 그들은 우리에게 최소한 그들이 원하는 방식으로 미술 작품을 이해하도록 노력해야 한다고 요구할 권리는 있는 것이다.

미술사학자 에른스트 곰브리치가 『서양미술사』에서 한 말입니다. 그의 영향력은 매우 커서, 우리는 '거장'이 만든 '위대한' 작품에 감탄하면서 열심히 화가의 이름과 제목, 제작 연도를 외워 교양을 쌓아왔지요. 그러나 저는 곰브리치의 주장에 동의하지 않습니다. 왜 '예술' 생산 행위는 신성시되고, 예술가들은 '천재'라며 신화화되는 걸까요? 신분제가 붕괴되고 모두가 평등한 권리를 지니는 시민사회가 되었는데, 왜 우리는 신분제 사회에서 만든 시각 문화를 무비판적으로 수용할까요?

현재 한국의 미대에서 널리 사용하는 미술사 교재인 『서양미술사』는 1950년에 초판이 나왔습니다. 이 책은 오스트리아에서 태어나 대영제국의 훈장과 기사 작위를 받은 곰브리치가 냉전 시대에 썼는데, 그의 관점을 아직까지도 무비판적으로 수용한다면 문제가 있지 않을까요? '서양미술사'라고는 하지만 곰브리치가 다룬 서양의 범위와 시대는 매우 협소합니다. 게다가 1994년에 16판을 낼 때까지 여성 미술가는 단 한 명도 다루지 않았습니다. 케테 콜비츠는 『서양 미술사』가 최초로 언급한 여성 미술가인데, 독일 표현주의 미술가 두 명을 추가하기 위해 그들에게 영향을 준 콜비츠를 언급하지 않을 수 없었던 것입니다.

이해관계에 따라 입장과 관점을 정한 후, 특정한 이미지만을 사람들에게 공급하는 것은 곰브리치처럼 권위를 가진 학자들만이 아닙니다. 자본주의 사회의 미디어도 그것을 닮았는데, 특히 분쟁을 다루는 프로그램은 미디어가 누구의 입장에 서 있는지를 잘 보여줍니다. 강대국의 편에 선 카메라는 최신 폭격기가 민가에 포탄을 퍼붓는 장면을 보여주지 않고, 독재 정권의 통제를 받는 언론은 시위 현장에서 일부의 과격한 모습이나 위법 행위를 중점적으로 보여줍니다. '무엇을 보여줄 것인가'는 '무엇을 사실로 만들 것인가'와 긴밀하게 연결됩니다. 즉, 이미지를 보여주는 권한을 쥔 사람의 의도에 따라 수많은 정보 중 몇 가지만을 선택하여 '사실'이 되도록 만들 수 있는 것이지요.

하나의 이미지라는 것은 재창조되거나 재생산된 시각이다.
모든 이미지는 하나의 보는 방식을 구현하고 있다.
한 이미지는 X라는 사람이 Y라는 대상을 어떻게 보았는지에 대한 기록이 된다.

이미지 외에 어떤 과거의 유물이나 문서도, 다른 시대의 사람들이 살았던 세계에 대해 직접적으로 증언해주지는 않는다. 이런 점에서 이미지는 문학보다 더 정확하고 풍부하다.

이것은 존 버거가 『다른 방식으로 보기』에서 한 말입니다. 우리는 정답이 정해진 사회에서 빠른 속도에 적응하여 사느라

무언가를 비판적으로 바라볼 기회가 적었습니다. 우리가 학교에서 배운 것은 교과서 내용을 이해한 후에 자신의 관점으로 해석하거나 질문을 던지는 것이 아니라, 있는 그대로 받아들이고 기억했다가 시험에서 정해진 '정답'을 맞히는 것이었으니까요. 의심을 품는 순간 생각이 많아지고, 곧이곧대로 받아들일 수 없으니 기억에 혼란이 생길 수 있습니다. 그러면 제한된 시간 내에 '정답'을 찾아낼 수 없고, '낙오자' 취급을 당했습니다. 이렇게 '생존' 또는 '성취', 사실은 '성공!'이라는 것을 위해 우리 앞에 놓인 것들을 곧이곧대로 믿고 받아들이도록 훈련받았죠.

　이미지는 생산자의 의도가 담긴 기록물입니다. 시민사회 '미술'이라는 것이 발명되기 전에는 교회나 귀족이 그 '의도'를 통제했습니다. 근대사회에 이르러 '개인'이자 '주체'가 된 예술가도 지배 이데올로기로부터 자유롭기는 어려웠을 것입니다. 특히 가부장제 사회에서 남성 기득권을 가지고 있다면 더더욱 의심 없이 자신의 눈으로 세상을 보고 재현하여 보여주었겠지요.

　이제부터 과거에는 여성과 남성을 어떻게 다르게 재현했는지 본격적으로 살펴보려고 합니다. 대중매체가 발달하기 전에는 그림이 세상을 보여주었으니까요. 다음 장에서 구체적인 작품들을 통해 살펴보겠습니다.

신의 계시를 받거나 은총을 깨닫는
모습을 가리키는 엑스터시.
그런데 엑스터시의 순간
왜 여성과 남성은 다르게 그려졌을까요?

3
성별에 따라 다른 재현,
엑스터시

'엑스터시'란 그리스어로 '자기 바깥에 서 있음' 또는 '자기를 초월함'이라는 뜻의 ekstasis에서 유래한 말로, 종교적인 신비체험의 최고 상태를 가리킵니다. 기독교 중심의 세계에서는 신의 계시를 받거나 은총을 깨닫는 모습을 칭하기도 하죠. 그래서 교회 안에 있는 조각상이나 신앙심을 고취하기 위한 그림들 중에는 엑스터시를 표현한 것이 많습니다.

그런데 희한한 것은 엑스터시 상태에 대한 해석과 재현이 성별에 따라 다르다는 점입니다. 먼저 다음의 조각상을 함께 보면서 이야기하겠습니다.

〈성 테레사의 엑스터시〉, 조반니 로렌초 베르니니, 1647-1652

이것은 로마의 산타 마리아 델라 비토리아 교회 안에 있는 〈성 테레사의 엑스터시〉라는 대리석 조각입니다. 유명 조각가 베르니니의 작품입니다. 저는 이 작품을 실제로 볼 기회가 있었는데, 보면서 참 의아했습니다. 성녀의 모습이 성(聖)스럽기는커녕 성(性)적으로 표현된 점이 이해가 안 되었기 때문이죠. 아니나 다를까, 이 작품을 우리나라에서는 〈성 테레사의 황홀경〉으로 번역하고 있었어요. 사전에서는 '황홀경'을 '놀랍거나 감격스럽거나 하여 정신이 어지러울 정도로 마음이 달뜨는 경지나 지경'이라고 풀이하고 있는데, 구글 이미지 검색을 하면 우선 성인 인증을 하라는 안내가 나옵니다. 성인 인증을 거치면 여성의 육체를 성적 대상화한 이미지들이 기다리고 있지요.

신의 은총을 천사의 화살로 표현한 이 작품을 좀더 찬찬히 살펴봅시다. 서 있는 소년이 왼손으로 바닥에 앉은 채 뒤로 쓰러질 듯한 젊은 여성의 가슴 부분의 옷을 잡아들고 있습니다. 오른손에 든 화살의 끝은 여성의 몸을 향하고 있고요. 여성의 팔과 다리는 힘을 잃고 늘어져 있는데, 상체는 뒤로 기울었지만 완전히 눕지는 않았습니다. 여성이 쓰러지지 않도록 지탱하는 힘은 오로지 어린 소년이 슬며시 잡고 있는 느슨한 옷뿐입니다.

그림이나 조각에 등장하는 인물의 포즈를 따라 해보면 인물이 처한 감정과 상황을 상상하기가 더 쉽습니다. 어깨는 들려 있고 고개는 뒤로 젖혀졌고, 입은 벌어지고 눈은 초점을 잃은 상태. 여러분도 한번 따라 해보세요. 특정한 상황이나 느낌이 떠오를 것입니다.

〈성녀 로도비카 알베르토니의 엑스터시〉, 조반니 로렌초 베르니니, 1671-1674

위의 조각 역시 베르니니의 작품으로, 제목은 〈성녀 로도비카 알베르토니의 엑스터시〉입니다. 성녀는 반쯤 기대 누운 상태로 왼쪽 무릎을 들고 오른손으로는 자신의 가슴을 움켜쥐고 있습니다. 고개는 뒤로 젖혀졌고 입은 벌어졌고, 눈은 반쯤 감겨 있습니다. 성녀 주변에는 아기천사들이 엿보고 있고요. 이번에도 육체적인 '황홀경', 성적 쾌감이 연상되는 것은 저뿐일까요?

성녀의 엑스터시를 성적 쾌감으로 표현한 것은 베르니니만의 독특한 시선이 아닐까 하고 의심도 해보았습니다. 하지만 안타깝게도 제 생각은 빗나갔습니다.

〈성 테레사의 엑스터시〉, 주세페 바차니, 1745-1750

　위의 그림의 제목은 〈성 테레사의 엑스터시〉입니다. 이 그림을 그린 바차니는 베르니니보다는 성숙한 소년을 천사로 등장시킵니다. 그러고는 매우 공들여 소년의 젖꼭지를 묘사했지요. 여성의 눈은 감겨 있고, 깍지 낀 두 손을 보니 기도를 올리고 있었던 것 같습니다. 소년은 날카로운 화살촉을 여성의 목에 겨누었는데, 손에 힘이 들어가지 않은 것으로 보아 위협할 생각은 없는 것 같습니다. 이 그림 속 성녀 역시 무방비로 소년 천사에게 몸을 맡기고 있습니다. 몸의 기울기를 보면 이들 역시 쓰러지기 직전이어서, 곧 뒤로 쓰러져 눕게 되리라고 상상할 수 있습니다.

　또 다른 성녀의 엑스터시를 살펴볼까요?

◀ 〈성녀 카타리나의 엑스터시〉, 폼페오 바토니, 1743
▶ 〈성녀 카타리나의 엑스터시〉, 아고스티노 카라치, 1590

위의 두 그림은 모두 성녀 카타리나의 엑스터시를 그린 것입니다. 주변에 천사로 보이는 이들이 쓰러진 성녀를 지탱하고 있습니다. 눈을 감았건 떴건 간에, 팔 동작이 크건 작건 간에 성녀는 스스로 서 있지 못합니다.

앞에서 살펴본 작품들에서 몇 가지 공통점을 발견하고 의문이 생겼습니다. 성녀가 엑스터시를 경험하면 원래 서 있지 못하는 것일까요? 성녀의 엑스터시에는 왜 천사가 필요할까요? 왜 성녀를 성적으로 표현했을까요? 원래 엑스터시란 성적인 코드와 연결되는 걸까요?

저는 남성 성인의 엑스터시도 이처럼 정신을 잃은 상태여서 누군가가 꼭 필요하거나, 성적 쾌감을 느끼는 모습으로 재현하는지 궁금해졌습니다. 그러다가 〈성 프란체스코의 엑스터시〉를 찾았는데요, 우리말로는 〈법열에 빠진 성 프란체스코〉라고 번역되어 있었습니다. '법열'은 '깊고 참된 이치를 깨달았을 때 느끼는 기쁨이나 환희'라고 합니다. '황홀경'보다 정신적인 느낌이 드는 단어이지요. 황홀경에 대한 이미지를 보려면 성인 인증이 필요하고 성적인 이미지가 나왔지만, 법열을 검색하면 인증할 필요 없이 바로 다양한 이미지가 나옵니다. 여성 성인을 표현한 작품에는 '황홀경', 남성 성인을 표현한 작품에는 '법열'이라고 번역한 것을 그저 우연한 단어 선택이라고 볼 수는 없을 것 같습니다.

다시 그림으로 돌아가서, 여러 명의 화가가 그린 성 프란체스코의 엑스터시를 살펴보겠습니다.

벨리니나 엘 그레코가 그린 성 프란체스코는 스스로 서서 하늘을 바라보고 있습니다. 스트로치의 작품에서는 두 팔로 자신의 몸을 감싸며 위를 바라보고 있습니다. 세 작품 모두 얼굴 표정에는 감격이 드러나 있고, '성녀'들과 달리 모두 정신이 온전해 보입니다.

▲ 〈성 프란체스코의 엑스터시〉, 조반니 벨리니, 1480
◀ 〈성 프란체스코의 엑스터시〉, 엘 그레코, 1600-1605
▶ 〈성 프란체스코의 엑스터시〉, 베르나르도 스트로치, 1615-1618

◀ 〈성 아우구스티누스의 엑스터시〉, 바르톨로메 에스테반 무리요, 1665
▶ 〈성 베네딕토의 엑스터시〉, 장 레스토 2세, 18세기

혹시나 성 프란체스코의 특징일까 싶어서 다른 남성 성인도 찾아보았습니다.

성 아우구스티누스는 무릎을 땅에 대고 공중의 불을 바라보며 양 손바닥은 위를 향해 들고 있습니다. 성 베네딕토는 공중에 떠 있는 둥근 물체를 바라보고 서서 한 손을 위로 들고 있네요. 남성 성인들은 신의 뜻을 깨달을 때에도 스스로 멀쩡히 서 있고, 팔다리가 늘어지지도 않습니다. 정신을 잃은 여성 성인과 달리, 남성 성인의 엑스터시는 대부분 정신이 온전한 모습으로 그려졌습니다.

이와 같이 종교적 체험인 엑스터시를 재현할 때 성별에 따라 성인의 포즈와 표정 등이 다르게 표현된다는 것을 살펴봤습니다. 여성 성인, 즉 '성녀'의 엑스터시는 타인을 필요로 하고, 타인에게 의존적인 포즈를 하며, 성적인 반응으로 해석되거나 성적인 행동을 상상할 수 있는 요소들로 재현됩니다. 이와 달리 남성 성인의 엑스터시는 영적인 체험을 하는 주체적이고 능동적인 모습으로 재현됩니다. 도대체 왜 이러는 걸까요?

4
재현의
권한을
가진 자는
누구?

서양미술에서 재현해온 여성은
남성을 위해, 좀 더 정확하게는
남성을 돌보기 위해 존재합니다.
그리고 여성 화가는
아무리 실력을 인정받았더라도
'남성 화가들의 사회'에서는
구성원이 될 수 없었습니다.

구텐베르크의 활판 인쇄술이 혁명이라고 일컬어지는 것은
그 덕분에 지식의 전파력이 엄청나게 커졌기 때문입니다. 그 이
전, 즉 목판 인쇄로 제작할 때에는 문장 하나만 달라져도 판
하나를 다시 만들어야 했습니다. 100쪽짜리 책을 만들려면
100개의 목판을 일일이 손으로 조각했습니다. 그게 아니면 필
경사가 손으로 한 자 한 자 옮겨 적어 책 한 권을 만들었고요.
그래서 활판 인쇄술이 등장하기 전까지 책은 아무나 가질 수
없는 귀한 것이었습니다. 그것은 아무나 글을 읽을 수 없었던
시대, 즉 문맹률이 높았던 시대와 겹치기도 합니다.

인쇄술이 발달하고 문자가 대중화되기 전까지 대부분의 기
록은 그림이나 조각과 같은 이미지에 크게 의존했습니다. 다르
게 말하면, 성경을 읽을 수 있는 소수가 그중에서 자신의 입맛
에 맞는 것만을 선택하여 읽지 못하는 다수에게 전하기 쉬웠다
는 뜻이 됩니다.

〈최후의 심판〉, 미켈란젤로 부오나로티, 1536-1541

  신 중심의 사회에서 서양 종교 지도자들은 성경 속 이야기들을 그림으로 표현하게 해서 기억하기 쉽게 만들었습니다. 유럽 도시를 여행할 때면 꼭 유명한 교회에 가서 '걸작'들을 보면서 감탄하잖아요? 벽화, 제단화, 모자이크, 스테인드글라스 등 교회 안의 이미지들은 성경 말씀을 잘 알려주기 위해 만든 것이고, 이런 것들을 '예배적 예술'이라고 부릅니다. 성경 이야기가 진짜라고 느껴지도록 표현하는 것이 무엇보다 중요했습니다. 예배적 예술은 대부분 집단적으로 작업했습니다. 만드는 것뿐 아니라 '감상' 역시 집단적이어서, 예배를 드리러 교회에 가서 함께 보았습니다. 미켈란젤로가 시스티나 성당에 그린 그림이 예배적 예술의 대표적인 작품입니다.

그러다가 신 중심의 사회가 점차 인간 중심으로 옮겨 가고, 교황권보다 황제권이 강해졌습니다. 그동안 성경의 메시지를 재현해온 화가나 조각가들은 이제 구매자이자 후원자인 귀족의 취향에 맞는 작품을 제작하는 쪽으로 방향을 돌렸습니다. 그림이 종교적 목적에서 점차 지배계급의 권력을 과시하는 수단으로 변해간 것이지요. 이처럼 왕과 귀족의 성을 장식할 목적으로 만든 것을 '궁정 예술'이라고 하는데요, 종교의 지배에서 벗어나기 위해 인간(남성)의 지혜를 찬양하며 교훈을 전하기 위한 내용의 작품들이 등장합니다. 그 대표적인 작품으로 라파엘로의 〈아테네 학당〉이 있습니다. 하늘을 가리키면서 이데아를 말하는 플라톤과 땅을 향해 손을 펼치면서 자연의 법칙을 말하는 아리스토텔레스를 중심으로 수많은 과학자와 철학자를 등장시켜 인간(결국 남성)이 얼마나 위대하고 지혜로운지 보여줍니다.

〈아테네 학당〉, 라파엘로 산치오, 1510-1511

예배적 예술이 교회의 지배 아래 있었다면, 궁정 예술은 구매자들의 다양한 취향에 맞추었습니다. 이제 화가들은 자신의 주관인 생각을 표현하면서 구매자의 미적인 취향과 영향을 주고받았습니다. 과학자들이 자연의 원리를 밝혀내 창조주의 영역을 침범하려는 야망을 키우듯, 화가들은 그림으로 자신의 머릿속에 있는 세계를 구현함으로써 사람들에게 영향력을 행사하고 무에서 유를 창조하는 창조주의 위치를 점하고자 했지요. 시간이 흐르면서 왕과 귀족뿐 아니라 성공한 상인들도 권력 과시를 위해 경쟁적으로 그림을 주문했고, 그림의 소재와 주제는 더욱 다양해졌습니다.

〈왕립 아카데미 회원들의 초상〉, 요한 조파니, 1771-1772

'진단 테스트'에 등장했던 이 그림을 다시 한번 들여다봅시다. 조파니라는 남성 화가가 당시 최고의 권위를 누렸던 영국 왕립 미술원의 회원들을 그린 것입니다. 18세기까지만 해도 여성은 미술 교육을 받을 기회가 거의 없었는데, 이때는 운 좋게도 두 명의 여성 화가가 실력을 인정받고 아카데미 회원으로 등록이 되었어요. 그런데 조파니는 여성을 자기네와 동등하게 권위 있는 화가, 왕립 미술원의 회원으로 인정하기 싫었나봅니다. 사실을 기록하는 역사화이기 때문에 차마 생략하진 못하고, 여성 화가를 오른쪽 상단의 액자에 가둬버리고 말았던 것이지요. 남성 누드모델은 화가들과 함께 살아 있는 사람으로서 그려 넣었는데 말입니다. 여성 화가를 액자 안에 '대상'으로서 존재하게 한 것으로도 모자랐는지, 오른쪽 하단에 여성의 팔다리를 잘라서 토르소로 놓은 다음에 지팡이로 자궁 부위를 꾹 눌러버렸습니다. '여성은 자궁일 뿐'이라는 메시지일까요? 이러한 '여성 혐오'의 관점에서 수많은 그림들이 제작되었고, 그 관점은 지금까지도 이어지고 있습니다.

　서양미술에서 재현해온 여성은 남성을 위해, 좀 더 정확하게는 남성을 돌보기 위해 존재합니다. 여성은 남성의 정서적 안정이나 생존 욕구 해결을 위한 돌봄 담당자·어머니·성모마리아 또는 남성의 성적 욕구 충족을 위한 살덩어리·구멍으로만 여겨집니다. 여기에 종교의 영향으로 금욕주의가 자리 잡으면서 여성은 남성의 성적 욕구를 자극하여 남성이 올바른 판단을 하지 못하도록 유혹하는 존재, 즉 악의 상징으로 사용되거나, 남성의 성적 욕구를 포장하기 위해 신성하고 아름다움을 상징하는 존재로 둔갑했습니다. 놓치지 말아야 할 것은 우리가 교과서나 대중매체, 미술관·박물관에서 보는 거의 모든 그림을 유럽 강대국의 백인 남성 화가가 그렸다는 사실입니다. 아무리 실력을 인정받았더라도 여성이라는 이유로 '남성 화가들의 사회'에서는 구성원이 될 수 없었습니다.

"한 이미지는 X라는 사람이 Y라는 대상을 어떻게 보았는지에 대한 기록이 된다"고 했던 존 버거의 말을 다시 떠올려봅시다. 교과서나 대중매체, 상품 디자인, 전시장에서 볼 수 있는 이미지들을 생산한 X는 '백인, 남성, 중산층, 지식인, 이성애자, 비장애인, 비청소년, (성평등 개념이 없던)전/근대인'이 주축을 이룹니다. 그들의 입장에서, 그들의 눈으로 본, 그들이 원하는 대로 규정되고 상상되었던 여성은 실제의 모습과 상관없이 철저하게 대상화되고 왜곡되어왔다는 것을 다음 장에서 집중적으로 살펴보도록 하겠습니다.

5

**남성의
여성 재현
방식**

적장의 목을 베어냄으로써
유대 민족을 위기에서 구한 유디트.
그런데 왜 유디트는 팜 파탈처럼 묘사되었던 걸까요?

　서양에서 중세 시대가 저물어갈 때, 교황과 황제는 엎치락뒤
치락 권력 싸움을 이어갔고 힘은 점차 황제 쪽으로 기울었습
니다. 권력의 이동은 미술계에도 영향을 미쳐서 화가들은 이제
교회가 아닌 개인의 궁을 장식하기 위하여 성경 이야기를 귀족
의 취향에 맞추어 그림으로 그리기 시작했습니다.

　그 시기에 유행했던 소재 중 하나가 구약성서의 외경「유딧
기」에 등장하는 유디트와, 「다니엘서」에 등장하는 수산나입
니다. 여러 화가들이 그린 유디트와 수산나의 그림을 비교해보
면서 여성 재현에 대한 이야기를 해보겠습니다.

1) 민족을 구원한 영웅, 유디트

「유딧기」의 주인공인 유디트(Judith)는 '유대인 여성'을 뜻합니다. 아시리아 군대가 쳐들어와서 유대 민족이 위험에 빠졌을 때 유디트는 적장 홀로페르네스의 목을 베어 민족을 구원했습니다. 역사적 사실이라기보다 유대의 민족의식을 고취하려고 만든 이야기라는 평가를 받으며, 성경에 포함되지는 못하고 외경으로 분류되었지요. 유디트의 이야기는 전쟁 중의 장군이 유혹에 빠질 정도로 빼어난 유디트의 '미모'를 상상하는 데에 초점을 맞춘 남성 화가들에게 인기가 있었습니다. '누드'화의 주문이 많던 시기에 귀족들을 만족시키기에 좋은 소재였던 것입니다.

그럼 먼저 마시스가 그린 두 점의 유디트를 함께 보겠습니다. 두 작품 사이에는 22년이라는 기간이 있는데, 무엇이 비슷하고 무엇이 변했는지 비교하며 살펴보세요.

◀ 〈홀로페르네스의 머리를 든 유디트〉, 얀 마시스, 1543
▶ 〈홀로페르네스의 머리를 든 유디트〉, 얀 마시스, 1565

1543년의 그림에서 유디트는 걸터앉아 있으면서 상체는 알
몸으로 드러내고 하체는 광택이 나는 천으로 가렸습니다. 한
손은 홀로페르네스의 잘린 머리를 잡아 들어 보이고 있으며,
다른 손은 끝이 뾰족하고 날이 휜 무시무시하게 생긴 칼을 들
고 화면 밖 관객들을 내려다봅니다. 홀로페르네스의 머리와 유
디트의 고개가 나란히 왼쪽으로 기울어져 있어서 감긴 눈과 그
림 밖 관객을 보는 눈, 머리만 있는 홀로페르네스와 하얗고 동
그스름한 유디트의 벗은 몸이 대비됩니다. '유혹하는 여성'으
로서 유디트가 효과적으로 강조된 것이지요. '저렇게 요망한 팜

파탈에게 잘못 걸려들면 죽임을 당하고 만다'는 교훈(!)이 초록 커튼과 주황 치마의 보색대비를 통해 화려하게 보여집니다.

1565년의 그림에서도 유디트는 양손에 각각 목이 잘린 홀로페르네스와 칼을 들고 있습니다. 그런데 이번에는 홀로페르네스의 얼굴과 유디트의 얼굴이 서로를 향하고 있습니다. 유디트는 시선을 홀로페르네스의 반대쪽을 향해 떨구었고요. 칼을 쥔 손도 달라졌는데, 위로 들어 올렸던 과거와 달리 칼끝을 아래로 내렸습니다. 몸이 훤히 드러나는 시스루 스타일이긴 하지만 이번엔 상의를 입고 있습니다. 22년 사이에 달라진 점은 노골적인 표현이 잦아들고, 채도가 낮아졌으며, 적장을 죽인 것을 자랑스러워하는 것 같았던 유디트의 태도가 사라졌다는 것입니다. 반면 여전한 점들도 있는데, 여성의 신체를 강조하여 그림으로써 성적인 유혹을 암시하고, 사람을 죽인 후에 야릇한 미소를 짓는 유디트를 팜 파탈의 전형으로서 보여준다는 것입니다.

마시스의 그림은 유대인을 구한 민족의 영웅 유디트를 적의 관점에서 그렸다는 점에서 흥미롭습니다. 신에게 '선택받은 민족'인 유대인의 입장이 아니라 유대인을 괴롭힌 아시리아의 입장에서 유대의 민족 영웅을 해석한 것이지요. 정치적 입장이나 사회적 지위가 달라도 남성에 대한 여성의 '도전' 또는 '위협'으로 읽히는 모든 것에 대해서는 대동단결 한편이 되는 '남성 연대'가 그때에도 존재했던 것일까요?

◀ 〈유디트〉, 조르조네, 1504
▶ 〈홀로페르네스의 머리를 든 유디트〉, 크리스토파노 알로리, 1613

위의 그림 두 점도 유디트를 그린 것입니다. 왼쪽은 조르조네
의 작품인데 바닥에 홀로페르네스의 머리를 놓고, 유디트의 왼
발을 그 머리 위에 올려놓았습니다. 유디트의 무게중심이 바닥
을 딛고 있는 오른쪽 다리에 있어서 머리 위의 발에는 힘이 많
이 실린 것 같지 않습니다. 한 손에는 칼을 들었는데 엄지, 검
지, 중지만으로 잡았으며 나머지 손가락은 우아하게 펴고 있지
요. 반대편 손 역시 힘을 뺀 고운 자태로 허리춤에 있습니다.

부드럽게 처진 어깨선이나 흐르듯이 떨어지는 팔과 다리 선 등 전체적으로 부드러운 곡선을 강조해서 유디트를 우아하게 그렸어요. 민족을 구원한 영웅 유디트의 우아함과 높은 신분을 보여주고 싶었던 것 같습니다.

한편, 오른쪽 알로리의 그림에는 유디트 옆에 하녀가 등장합니다. 유디트는 한 손으로는 목이 잘린 홀로페르네스의 머리카락을 잡고, 다른 손으로는 칼자루를 쥐고 있습니다. 칼날은 자세히 보여주지 않아서 앞에서 본 마시스의 유디트보다 덜 위협적입니다. 유디트는 빨강, 파랑, 노랑이 어우러진 광택이 나는 옷을 입었으며, 중년의 하녀가 옆에서 유디트를 살피고 있습니다. 그림의 시점(視點)은 아래에서 위를 향했으며, 주인공 유디트는 살짝 내려다보고 있어요. 화려한 색의 옷을 입고 아래를 내려다보는 젊고 아름다운 유디트에게는 기품이 흘러서 조르조네가 그린 유디트처럼 귀부인이라는 점이 강조됩니다.

〈홀로페르네스의 머리를 베는 유디트〉, 카라바조, 1599

　여성이 남성을 죽이는 장면을 재현하고 싶지 않았기 때문일까요? 마시스, 조르조네, 알로리와 같은 남성 화가들은 유디트의 이야기를 그리더라도 여러 대목 가운데 목을 벤 이후의 상황을 많이 그렸습니다.

　그런데 역시 남성 화가인 카라바조는 유디트가 홀로페르네스를 죽이는 바로 그 순간을 그렸습니다. 카라바조는 빛의 대비를 극대화하여 연극 무대 같은 긴장감을 연출하는 데에 뛰어났던 화가입니다. 침대와 커튼만 보이는 어두운 공간에서 목이 잘리는 고통으로 입을 벌리고 유디트를 바라보는 홀로페르네스, 인상을 쓰고 칼로 목을 베는 유디트, 유디트의 바로 옆에서 이 상황을 지켜보는 늙은 하녀를 그렸습니다.

이 그림은 전체적으로 표현이 세밀하고 사실적이지만, 뜯어보면 의아한 부분도 많습니다. 홀로페르네스의 목에서 뿜어져 나오는 피는 액체라기보다는 실이 뻗어나간 것처럼 보여 어색합니다. 유디트의 표정을 보면 팔에 힘이 들어간 모습과는 어울리지 않게 수동적이고 소극적이고, 짜증이 난 것처럼 보입니다. 홀로페르네스의 근육질 팔이 저항하지 않고 가만히 있는 것이나, 급박한 상황에서 하녀가 구경만 하고 있는 모습도 현실적이지 않지요. 별다른 역할 없는 늙고 검은 얼굴의 하녀를 등장시킨 것은 유디트의 젊고 하얀 얼굴과 대비시키려는 것인가 의문이 듭니다. 이처럼 카라바조의 그림은 언뜻 극적인 분위기로 보이지만 가만히 들여다보면 한 여성이 민족을 위기에서 구하기 위해 목숨을 걸고 스스로 계획을 세워 적진에 침투하여 거사를 치르고 있는 상황이라고 보기에 어색한 부분이 많아요.

그럼, 다음 그림은 어떤가요?

〈홀로페르네스의 머리를 베는 유디트〉, 아르테미시아 젠틸레스키, 1612

　세 명의 팔이 뒤엉켜 힘겨루기를 하고 있습니다. 오른쪽 여성은 한쪽 다리를 침대에 올리고 반대편 다리는 땅을 디뎌 몸을 지탱하면서도 몸무게를 실어서, 누워 있는 남성의 머리채를 잡아 누르며 칼로 목을 베고 있습니다. 남성의 한쪽 팔은 위에 올라탄 다른 여성에 의해 꺾이고 저지당합니다. 남성은 상당한 양의 피를 흘렸으며 눈은 이미 초점을 잃어서 뻗은 손도 곧 힘없이 떨어질 것 같습니다. 여성 둘이 합심하여 덤벼드니 건장한 남성도 결국은 당하고 맙니다. 침대는 머지않아 온통 검붉게 물들겠지요. 앞의 그림들보다 사실적이지 않나요?

이 그림에서 제가 가장 좋아하는 점은 홀로페르네스 장군을 죽이는 데에 하녀가 적극적으로 참여하고 있다는 것입니다. 「유딧기」에는 충직한 하녀가 주머니에 홀로페르네스의 머리를 숨겨서 유디트와 함께 빠져나온다는 내용이 있습니다. 그러나 남성 화가들은 하녀를 아예 생략하거나, 그리더라도 별 역할을 주지 않고 주머니만 들고 있게 하거나, 유디트의 미모를 돋보이게 하려는 수단으로 등장시켜 대조적으로 표현했거든요. 하지만 상상을 해보세요. 사람의 목을 베어 몸에서 분리시키는 일은 무협 영화에 나오는 것처럼 순식간에 해낼 수 있는 일이 아닐 겁니다. 홀로페르네스가 아무리 술에 취해 곯아떨어졌다지만, 목에 칼이 들어왔을 때 반사적으로 저항하지 않았을까요? 그랬다면 유디트 혼자서 장군을 제압하고 목을 마저 벨 수 있었을까요? 고통에 놀라 잠에서 깬 홀로페르네스가 발버둥칠 때 하녀가 구경만 했을까요?

여성은 이기적이고 질투심이 많아서 협력할 수 없다고 많은 남성학자들이 주장해왔습니다. 또한 가부장제 문화에서 남성들은 한 명의 우두머리, 하나의 영웅을 만들고 위계를 정하는 데에 익숙합니다. 그래서 민족을 구원한 영웅은 당연히 '아름다운 귀부인' 유디트 한 명이고, 하녀는 있으나 마나 한 존재라고 생각한 것 아닐까요? 하지만 남성들이 정복 싸움에 몰두해서 서로 죽이고 빼앗고 파괴하러 다닐 때, 마을에 남은 여성들은 연대해서 아이들을 키우고 살림을 꾸리며 마을의 노약자들을 챙기고 함께 돌보았습니다. 이 그림이 유디트를 그린 수많은 그림 중에서 독보적인 지점은, 단 한 명의 주인공을 설정하고 나머지는 주인공을 돋보이게 하는 들러리로 배치하지 않았다는 점입니다. 유디트와 함께 위험을 무릅쓰고 적진에 간 하녀와 공을 나누는 점이 남성들이 생각한 영웅 스토리와 다른 점이지요.

사실 남성 화가들이 그린 유디트는 '민족을 구원한 영웅'의 모습이 아니었습니다. 유디트를 아름다운 귀부인으로 재현하거나, 팜 파탈로 그리거나, 여성을 성적으로 대상화하는 누드로 소비했습니다. 유디트는 전쟁 중에 적진에 가서 적장의 목을 베겠다는 계획을 세우고 실행할 만큼 용감하고 지략이 뛰어난 여성이었지만, 남성 화가들은 오로지 홀로페르네스를 유혹하는 데 성공한 유디트의 미모에만 관심을 두었습니다. 하지만 70쪽의 그림은 유디트의 입장에서 상황을 사실적으로 재현했습니다. 유디트라는 여성을 행위의 주체로서 재현해냈다는 점도 다른 그림들과의 큰 차이입니다. 어떻게 이토록 다른 접근을 할 수 있었을까요?

70쪽의 그림은 아르테미시아 젠틸레스키라는 여성 화가의 작품입니다. 여러분은 지금 이 책에서 처음으로 등장한 여성 화가의 그림을 보고 계신 것이지요.

19세기 이전까지 여성에게는 교육의 기회가 거의 주어지지 않았기 때문에 여성이 화가가 되는 경우는 드물었습니다. 여러 단계의 '운'이 따라주어야 가능했어요. 먼저, 높은 신분이거나 화가의 딸로 태어나야 했습니다. 지금처럼 누구나 학교에 다니는 것이 아니었으므로 재능을 알아볼 수 있는 사람이 곁에 있어야 하기 때문이죠. 두 번째로는 아버지가 딸의 재능을 키워줄 생각을 할 만큼 고정관념에서 벗어난 사고를 할 수 있어야 합니다. 당시에는 여성에게 가사일 외의 교육은 필요 없다는 인식이 만연했던 시대였기 때문에 아버지가 딸의 재능을 알아보고도 '여자니까 소용없다'며 무시하면 정말 소용없어지는 것이니까요. 세 번째로 딸의 교육을 맡길 만큼 믿음직스러운 화가 친구가 있어야 했습니다. 그리고 마지막으로, 그 친구 화가가 진짜로 믿을 만한 사람이어야 했습니다. 그렇지 않은 인물이라면 딸을 보냈더니 그림 그리는 법은 가르치지 않고 집안일만 시키거나, 강간을 할 수도 있거든요.

아르테미시아는 오라치오 젠틸레스키라는 유명한 화가의 딸로 1593년 로마에서 태어났습니다. 어릴 적부터 재능이 남달라서 아버지의 작업장에서 일을 도우며 그림을 그렸습니다. 아르테미시아는 자기 그림에서 한계를 발견하고는 그것을 뛰어넘기 위해 데생을 배우고 싶어했습니다. 오라치오는 데생이 뛰어난 동료 아고스티노 타시에게 아르테미시아를 가르치게 했어요. 화가의 딸로 태어나, 아버지가 재능을 키워주기로 하고, 친구에게 딸의 교육을 맡겼으니 아르테미시아에게는 세 번째 운까지 따라주었던 것입니다. 그러나 네 번째 운은 따르지 않았습니다. 아버지의 친구였던 타시는 열여덟 살의 아르테미시아를 강간했습니다. 칼을 들고 저항하는 아르테미시아에게 타시는 사랑 고백과 결혼 약속으로 칼을 놓게 만들었지만, 약속을 지키지 않고 계속 아르테미시아를 농락했습니다. 존경하는 화가이자 스승인 타시의 사랑을 믿으며 연인 관계를 이어가던 아르테미시아는, 타시가 형수를 강간했고 전처를 죽일 계획을 세우면서 전처의 동생뿐 아니라 여러 여성과 성적인 관계를 맺고 있다는 것을 알고는 자신이 속았다는 것을 깨달았습니다.

당시에는 여성에게 법적인 권리가 없었기 때문에 타시를 강간죄로 고소한 것은 아르테미시아 자신이 아닌 아버지 오라치오였습니다. 그것이 로마법에 기록된 첫 번째 강간 범죄라고 합니다. 법이 강간을 처벌하긴 했지만, 여성 인권 보호 차원이라기보다 남편이나 아버지의 재산권을 침해한 데 대한 징벌이었습니다. 강간이 세상에 알려지면 피해자의 위신이 깎인다는 인식이 강했던 시기여서 강간죄로 고소하는 경우가 그 전까지 없었던 것이지요. 타시는 무고죄로 맞고소를 하고 법정 다툼은 8개월가량 지속됩니다. 이 과정에서 아르테미시아는 위증이라는 의심을 받고 고문까지 당했습니다만, 결국 타시는 유죄를 선고받았습니다. 타시의 고객이었던 귀족들이 손을 써 곧 풀려나기는 했지만요.

　이처럼 아르테미시아는 남자였다면 겪지 않았을 험난한 과정을 거쳐 화가로 성장했습니다. 아르테미시아는 작품에서 능동적이고 결단력 있는 여성상을 재현함으로써 다른 남성 화가들과 차별점을 만들어냈습니다. 하지만 여성 화가라면 누구나 아르테미시아처럼 주체적 여성을 그렸을 것이라고 생각한다면, 수천 년 간 이어져온 가부장제 시각 문화의 영향력을 과소평가하는 것입니다.

〈홀로페르네스의 머리를 든 유디트〉, 엘리자베타 시라니, 1660

　엘리자베타 시라니는 아르테미시아보다 45년 뒤인 1638년 이탈리아 볼로냐에서 태어났습니다. 시라니 역시 화가의 딸로 태어난 덕분에 화가가 될 수 있었습니다. 시라니도 유디트를 그렸는데, 목선이 강조되는 우아한 모습의 유디트는 남성 화가들의 그림과 별 다를 바가 없습니다. 민족의 영웅으로서 유디트의 행적을 그렸다기보다, 아름다운 여성을 남성 관객의 입장에서 '보기 좋게' 그린 것이지요. 이 그림에서는 하녀 역시 들러리로 등장합니다.

◀ 〈유디트와 하녀〉, 아르테미시아 젠틸레스키, 1613-1614
▶ 〈유디트와 하녀〉, 아르테미시아 젠틸레스키, 1623-1625

아르테미시아는 유디트 이야기를 여러 점 남겼는데, 위의 그림에는 적진을 빠져나가려고 긴장을 놓지 않는 비장한 모습의 유디트와 하녀가 등장합니다. 적장의 머리를 베었다고 계획이 모두 끝난 것이 아니라, 그것을 성벽에 효수하여 아시리아 군대가 볼 수 있도록 해야 하기 때문입니다. 아르테미시아는 이 그림에서도 하녀를 유디트와 함께 임무 수행을 하는 동지로서 표현합니다. 시라니는 아르테미시아보다 후대의 화가이지만, 여성을 행위의 주체로서 재현하고 인물 간 위계를 약화시켜 표현한 여성 선배로부터 전혀 영향을 받지 않았던 것입니다.

르네상스 이후 이탈리아에서는 장인을 예술가로, 화가를 시인으로 탈바꿈하기 위해 디세뇨 한림원이라는 교육기관이 세워졌습니다. 디세뇨 한림원은 설립된 후 50년 동안 여성을 회원으로 받아들인 적이 없었는데, 아르테미시아는 그 명성 높은 디세뇨 한림원의 첫 여성 회원이 되었습니다. 당시에 아버지나 남편의 보증 없이도 화가로서 공적인 활동을 할 수 있던 거의 유일한 여성이었지요. 아버지의 성 '젠틸레스키'를 버리고 자신의 이름만으로 서명을 남겼던 아르테미시아. 이처럼 유능하고 독립적이며 명성도 높았던 여성 화가가 이미 존재했지만, 다음 세대의 여성에게 별 영향을 주지는 못했습니다. 그것은 사회 구조의 문제이자, 남성 중심 사회에서 인정받으려면 남성이 기대하는 여성의 규범 안에서 행동해야 했을 당시의 분위기 탓이었을 겁니다. 아르테미시아의 독보적이고 새로운 해석으로부터 아무도 영향을 받지 않았다는 점이 정말 안타깝습니다.

〈홀로페르네스의 머리를 든 유디트〉, 필립 반 다이크, 1726

아르테미시아가 창의적이고 사실적인 유디트의 모습을 재현한 지 100여 년이 흐른 뒤, 반 다이크도 유디트를 그렸습니다. 이 그림은 가부장제 사회가 여성이 주체가 되는 것을 얼마나 두려워했는지를 잘 보여줍니다.

반 다이크는 어두운 색깔로 하녀의 옷과 배경을 그리고 이에 대비되게 유디트는 밝게 그려서, 속살을 효과적으로 부각시킵니다. 유디트의 몸은 부드러운 곡선을 이루며 토실토실하게 그려져 있고, 어린 소녀처럼 처지지 않은 한쪽 가슴을 굳이 내보이고 있습니다. 왼손은 홀로페르네스의 머리를 들고 있지만 손에 힘이 들어가지 않아서 무게를 감당하기 어려워 보입니다. 오른쪽 손목은 칼자루 위에 기대고 있고, 하녀가 두 손으로 칼을 잡아 지탱해주는 것처럼 보입니다. 초점 없는 눈에 멍한 표정을 짓고 하녀를 향해 몸을 기울이고 있는 유디트는 민족을 구하기 위해 결단을 내리고 실행에 옮긴 용감한 여성이라기보다, 감당 못 할 큰 실수를 저지르고는 얼이 빠진 모습에 가깝습니다. 하녀는 이런 유디트를 걱정스레 살피는 것 같고요. 아르테미시아가 그린 유디트와 나란히 놓고 보면 전혀 다른 인물로 느껴집니다.

◀ 〈홀로페르네스의 머리를 베는 유디트〉, 아르테미시아 젠틸레스키, 1614-1618
▶ 〈홀로페르네스의 머리를 든 유디트〉, 필립 반 다이크, 1726

기독교를 이용하여 가부장제를 강화했던 시대에는 여성에 대한 편견과 왜곡이 심각했습니다. 여성은 인류를 원죄에 빠뜨렸기 때문에 아이를 낳아 기르는 벌을 받았고, 다시는 그런 죄를 저지르지 않도록 남성에게 순종해야 한다는 생각이 뿌리 깊게 박혀 있었습니다. 남성인 아담이 여성인 하와의 말을 들어서 원죄에 빠지고 에덴동산에서 쫓겨났으므로 남성은 여성의 말을 들으면 안 되고, 남성이 여성을 지배해야 한다는 것입니다. 그 논리를 유지하기 위해서는 육아와 가사노동 외의 모든 면에서 여성은 남성보다 능력이 부족하다고 믿어야 했습니다. 그래서 수동적이지 않고 순종적이지 않으며, 독립적이고 능력이 뛰어난 여성들에 대해서는 여러 가지 이유를 들어서 그 존재를 인정하지 않았지요.

인간을 여성과 남성으로 나누어 각각의 특성을 규정하고, 여성을 남성보다 열등한 위치에 놓아 남성성을 공고히 하고자 했던 남성들의 집착은 굉장했습니다. 그래서 죽은 지 약 300년이 지난 시신의 무덤을 파헤치는 기행까지 저지릅니다. 스웨덴의 생리학자였던 구스타프 엘리스 에센 몰러는 「의학적 관점에서 본 인류학 연구」에서 스웨덴의 크리스티나 여왕(1626~1689)이 "여성이지만, 완전한 여성은 아니었다"고 주장했습니다. 여왕이 수학, 천문학, 고전문학, 철학과 같이 '남성적'이라고 일컬어지는 학문에 뛰어났으며, 현명하고 영민하게 국가를 다스리는 능력과 집요하게 목표를 추구하는 능력이 탁월했고, 외모 꾸밈에 관심이 없고 결혼을 거부했기 때문이라는 겁니다. 이후 기자이자 작가였던 스벤 스톨페도 크리스티나 여왕에 대해 "여성과 다르다"고 주장했습니다. 결국 1965년, 성별 이분법을 주장하던 무리들에 의해 크리스티나 여왕의 유해는 '여성이 아님'을 증명하기 위해 발굴되었다고 합니다.

'남성에 의한 여성의 지배'를 뒷받침하려면 인간을 남과 여 두 종류로만 구분해야 합니다. 이것은 교육의 기회와 밀접한 관계가 있는데요, 과거에는 남성들끼리 학문과 문화를 발전시키고 여성에게는 남성의 언어를 배울 기회를 막아놓았습니다. 그러고는 남성이 만들어놓은 언어로 여성이 자신의 생각이나 감정을 정확히 표현하지 못한다는 이유로 여성을 동등한 인간으로 대우하지 않다가, 운 좋게 교육을 받아 능력을 드러내면 '여성'이 아닌 존재로 보거나 '정신병'이 있다고 보거나 특수한 경우로 치부하고 고립시켰습니다.

하지만 차츰 여성들이 교육을 받고 자신의 입장을 표현하기 시작하면서, 남성이 만들어낸 여성상이 얼마나 왜곡된 것인지 조금씩 드러나게 됩니다. 그 예를 하나 더 볼까요?

2) 수산나와 두 노인

 이번에도 같은 이야기를 소재로 한, 각기 다른 작가들의 그림을 비교해볼 것입니다. 유디트의 경우는 이야기를 먼저 소개했는데, 이번에는 나중에 설명을 하겠습니다.

 이야기 속의 등장인물은 단 세 명, 젊은 여성 한 명과 늙은 남성 두 명입니다. 다음의 네 작품을 살펴보면서 여성과 남성들 사이에 무슨 일이 벌어진 것인지 추측해보세요.

〈수산나와 두 노인〉, 크리스토파노 알로리, 1561

　첫 번째 알로리의 그림을 보면, 화면 중앙을 크게 차지한 여성의 벗은 몸이 가장 먼저 눈에 들어옵니다. 저는 그림을 볼 때 그림 속 인물을 이해하기 위해 포즈를 따라 하곤 하는데요, 아무리 해도 이 포즈는 흉내 내기가 어려웠습니다. 화가가 인체 이해가 부족해서였든, 의도했던 것이든 간에 그림 속 여성은 온몸을 꼬아서 양쪽 가슴을 보여주는 동시에 엉덩이 골까지 보여주는 묘기를 부리고 있기 때문이지요. 팔다리를 들거나 꼬아서 만든 공간에는 두 노인의 손과 얼굴이 들어가 있네요. 눈썹을 치켜뜬 것으로 보아 즐거운 것 같지는 않습니다만, 여성의 감정이나 의지를 정확히 읽어내기는 어렵습니다.

〈수산나와 두 노인〉, 페테르 파울 루벤스, 1609-1610

두 번째 그림은 그 유명한 루벤스가 그린 것인데요, 오른쪽에는 파란 하늘이 배경으로 보이고 파란 옷을 입은 두 남성이 담을 넘고 있습니다. 두 남성은 벌거벗은 여성이 두르고 있었던 것으로 보이는 천과 여성의 몸을 잡고 있습니다. 여성은 오른팔을 높이 뻗어 천을 들고 왼손으로는 천을 감싸 쥐고 있는데, 천을 빼앗기지 않으려는 것인지 벗어내려고 하는 것인지 의도를 분명히 알 수는 없습니다. 여성의 표정은 담을 넘어 온 험상궂은 노인들을 보고 놀라는 것 같기도 하지만 한편으로는 우스꽝스럽고 우둔해 보이기도 합니다. 또한 애초에 뚫린 울타리 바로 앞에서 목욕을 하도록 설정한 것도 의아합니다.

〈수산나와 두 노인〉, 조반니 바티스타 티에폴로, 1722

　세 번째 그림은 티에폴로가 그린 것으로, 중앙에 사선으로 온몸을 비틀고 있는 여성을 배치했습니다. 화면 왼쪽의 두 노인은 여성에게 흥정을 하는 것처럼 손을 뻗어 적극적으로 의사 표현을 하고 있습니다. 여성의 하얀 육체는 어두운 주변과 대비되어 도드라지며 곡선이 매우 강조되었습니다. 한 노인의 손은 이미 여성의 가슴에 닿았는데, 여성이 그것을 좋아하는지 싫어하는지가 표정에는 드러나 있지 않습니다. 역시 포즈를 따라 해봅니다. 엉덩이를 뒤로 빼고 한쪽 골반과 어깨를 치켜들고 고개를 옆으로 돌리며 뒤로 젖히는 포즈. 여러분도 해보시면 뭔가 느낌이 올 거예요.

〈수산나와 두 노인〉, 아르테미시아 젠틸레스키, 1610

　네 번째 그림은 앞의 세 그림에 비해 밝고 구성이 단조롭습니다. 뒤로 파란 하늘이 보이며, 대리석 담 앞에 몸을 웅크린 알몸의 여성이 있습니다. 담 밖에 있는 노인 둘이 상체를 기울여 여성에게 밀착하고 있습니다. 오른쪽 남성은 여성을 바라보며 조용히 하라는 손짓을 하고, 왼쪽 남성은 오른쪽 남성의 귀에 무언가 속삭이는 것 같습니다. 여성은 두 남성들로부터 고개를 완전히 돌리고 손을 크게 내저으며 거부를 표합니다. 거절의 뜻이 명확히 드러나는 이 그림은 아르테미시아가 그렸습니다.

  네 점의 그림이 모두 같은 소재를 다루었다고 했는데, 그 내용은 다음과 같습니다. 이 가운데 어느 그림이 이야기의 상황과 여성의 감정을 사실적으로 재현했는지 판단해보세요.

  바빌론에 요하킴이라는 부자가 있었는데, 요하킴의 아내 수산나는 매우 '아름다운' 여인이었습니다. 그 마을의 원로 둘은 수산나를 보고는 흑심을 키워왔습니다. 두 원로는 수산나가 사람들의 방문이 끝나면 정원에서 혼자 목욕을 한다는 사실을 알게 되었습니다. 어느 날 두 원로는 요하킴의 집에 갔다가 용무를 마친 뒤에도 떠나지 않고 숨어 있었습니다. 수산나가 하녀들에게 대문을 잠그고 목욕용품을 가져오게 해서 혼자 있을 때를 기다렸습니다. 그러고는 수산나에게 갑자기 다가가서 "아무도 없으니 우리와 동침을 하자"며 "그러지 않으면 네가 불륜을 저질렀다고 말할 것"이라고 협박합니다. 하지만 수산나는 이를 거절하고 소리를 질렀습니다. 하인들이 오자, 두 원로는 수산나가 젊은 남성과 나무 아래에서 불륜을 저지르는 것을 보고 자기네가 쫓아냈다고 거짓말을 합니다. 두 원로는 재판관이기도 해서 수산나는 사형을 선고받게 됩니다. 이때 선지자 다니엘이 나타나서 두 노인에게 각각 어느 나무 아래에서 불륜이 있었는지 물었고, 둘의 증언이 엇갈리면서 위증임이 드러나 수산나는 목숨을 구하게 됩니다.

이 이야기는 성경의 외경인 「다니엘서」 13장에 있는 내용인데, 많은 화가들이 이 이야기를 소재로 그림을 그렸습니다. 수산나가 아름다운 여성이었다는 점, 목욕하는 수산나를 두 남성이 엿보는 장면 등이 누드의 소재로 활용하기 좋았기 때문이지요. 이 시대에는 귀족들의 궁을 장식하는 누드가 발달했습니다. 하지만 관음증과 성적 욕망을 충족하기 위해 누드가 필요하다고 할 만큼 솔직하기는 어려웠던 시대였기 때문에, 성경이나 그리스 로마 신화 중에서 여성의 누드를 그릴 수 있을 만한 소재를 골라 그림에 이용했지요. 그래서 유디트처럼 수산나도 화가들에게 자주 호명되었습니다.

「다니엘서」에서 수산나와 두 노인 사이에 있었던 일은 무엇인가요? 두 노인은 남의 집에 몰래 숨어 있다가 목욕하는 수산나 앞에 갑자기 나타납니다. 아무도 보는 사람이 없으니 동침하자고 말하며, 만일 거절하면 거짓 증언을 하겠다고 협박을 했습니다. 하지만 수산나는 단번에 거절했지요. 여러분의 집에 누군가 숨어들어 있다가 여러분이 목욕을 하려고 옷을 벗었더니 나타나서 동침하자고 협박한다고 생각해보세요. 이런 상황을 뭐라고 불러야 할까요? 네, 맞습니다. 성범죄입니다. 두 노인이 수산나를 강간하기 위해 협박을 했고, 수산나가 바로 거절하고 도움을 요청하여 강간 미수로 끝난 사건입니다.

알로리나 루벤스의 그림처럼 수산나가 두 노인의 협박에 망설였나요? 티에폴로의 그림처럼 수산나가 두 노인을 유혹했나요? 아닙니다. 수산나는 바로 거절을 했습니다. 그러면 네 점의 그림들 가운데 어떤 것이 이야기를 제대로 반영한 것인가요?

지금도 성폭력이 발생하면 가해자를 탓하기 이전에 피해자에게서 원인을 찾으려는 태도를 쉽게 발견할 수 있습니다. 가부장제 남성 중심 사회에서 여성은 단지 성적 대상으로 여겨지고 여성의 모든 행위가 성적으로 해석됩니다. 티에폴로의 해석이 바로 그런 경우이며, 과거의 여성 재현의 방식이 현재까지 이어지고 있음을 알 수 있습니다.

진실은 간단합니다. 성폭력 가해자인 두 노인의 입장이 아니라, 피해를 입은 수산나의 입장에서 생각하면 명확합니다. 수산나는 안전하다고 여겼던 자기 집 정원에서 목욕을 하려던 참이었고, 외부 침입자가 나타나서 말도 안 되는 제안을 하여 거절을 했더니 협박을 받았습니다. 거절 의사를 분명히 밝힌 수산나의 모습은 어떻게 재현되어야 마땅한 것일까요? 여전히 '아름답다'는 이유로 유혹하는 존재가 되어야 하는 걸까요?

티에폴로의 그림은 1722년의 작품인데, 그림 속 수산나의 포즈는 1597년 슈프랑거가 그린 〈비너스와 아도니스〉에 등장한 비너스와 유사합니다. 둘을 비교해보세요.

◀ 〈수산나와 두 노인〉, 조반니 바티스타 티에폴로, 1722
▶ 〈비너스와 아도니스〉, 바르톨로메우스 슈프랑거, 1597

'비너스와 아도니스'는 오비디우스의 장편 시집에 나오는 이야기로, 셰익스피어가 서사시로 쓰기도 했습니다. 여기에서 비너스는 아도니스가 떠나는 것을 막으려고 성적으로 유혹을 하는데요, 성폭력 피해자인 수산나를 비너스의 포즈와 유사하게 표현한 데에는 어떤 의미가 담겼을까요? 「다니엘서」를 보면 수산나는 단호하게 거절했다고 했습니다. 그런데도 티에폴로는 거부의 동작이 명확한 아르테미시아의 그림을 참고하기보다 아도니스를 성적으로 유혹하는 비너스와 닮은 수산나를 재현했고, 여기에는 의도가 숨어 있는 것이지요.

언급했다시피 과거에는 여성이 화가가 되기도 어려웠지만, 몇 단계의 운과 재능, 엄청난 노력을 통해 화가가 된다고 해도 여성에게는 데생을 가르쳐주지 않았습니다. 특히 누드모델을 앞에 두고 인체 데생을 연습할 기회가 결코 주어지지 않았으므로 여성 화가들은 인체가 많이 등장하는 역사화를 그릴 수 없었습니다. 신화나 성경에 등장하는 여성들 가운데에는 능동적이고 적극적인 인물도 있지만 남성 화가들은 관심을 두지 않았습니다. 대신 남성이 지배하는 사회를 공고히 하는 데 유리한 소재를 선택하고 왜곡된 여성상을 만들어냈습니다.

하지만 아르테미시아는 데생을 배우기 위해 데생 실력으로 유명한 타시를 스승으로 삼았고, 결국 성폭력 피해를 당했지만 그림 그리기를 포기하지 않고, 거울을 보고 자신의 몸을 그리며 인체를 탐구하고 연습했습니다. 그래서 남성들만 그려오던 역사화를 당당하게 그렸고, 여성들을 현실적으로 재현했습니다.

아르테미시아의 그림에는 또 다른 이야깃거리가 담겨 있습니다. 성폭력 피해자인 수산나의 이야기에 아르테미시아 자신의 상황과 의지를 담은 것입니다. 아르테미시아는 수산나의 얼굴을 자신의 얼굴로, 수산나를 괴롭히는 두 남성은 자신을 강간했던 스승과 아버지의 얼굴로 그렸습니다. 왼쪽은 자신을 강간하고 속였던 스승 타시, 오른쪽은 아르테미시아가 사랑하는 남성과 결혼하는 것을 방해하고 아르테미시아의 실력을 질투하고 자신의 작업장을 못 벗어나게 하려 했던 아버지 오라치오입니다. 이성애 중심 사회에서 제자마저도 성적인 존재로만 보고 성폭력을 저질렀던 스승과, 가부장제 사회에서 딸을 자신의 지배와 통제 아래 가두려 했던 아버지로부터 벗어나려는 의지를 표현한 것이지요.

아르테미시아의 〈수산나와 두 노인〉을 재해석해서 원작의 의미를 강화시키고, 현재의 우리에게 새로운 메시지를 주는 작품도 있습니다. 바로 캐슬린 길제의 1998년 작품인 〈수산나와 두 노인, 엑스레이 복원〉입니다. 유화를 엑스레이로 촬영하면 완성 전에 어떤 수정 과정을 거쳤는지 알 수 있는데, 이것을 이용하여 아르테미시아의 그림을 엑스레이로 촬영한 것처럼 보이게 만든 것입니다.

원작에서 수산나는 두 남성으로부터 고개를 돌리며 수그린 채 두 손을 한 방향으로 뻗고 있는데, 캐슬린은 여기에 수산나가 고개를 들고 비명을 지르며 두 손을 양쪽 대각선으로 뻗고 있는 이미지가 겹쳐 보이도록 그렸어요. 아르테미시아가 수산나를 웅크리고 닫혀 있는 몸으로 재현했다면, 캐슬린은 적극적으로 저항하는 열려 있는 몸으로 재해석했습니다. 한 손에는 실제로 아르테미시아가 타시에게 강간당했을 때 들고 저항했다던 칼까지 쥐어주었고요.

아르테미시아가 활동했던 시절에 여성들은 교육받을 기회를 얻을 수 없었고, 언어를 가지지 못했기에 남성의 의사에 반하는 자기 의사를 표현하려면 큰 용기가 필요했습니다. 교육의 기회가 평등해진 지금도 여성은 남성을 위해 존재하기를 요구받고 있는 것이 현실이고요. 수산나를 적극적으로 저항하는 모습으로 재해석한 캐슬린 길제의 작품은 현대의 여성에게 자기 결정권과 신체 온전성이 침해당하는 것을 공격으로 인식하고, 그 공격에 대해 소극적 방어로 그칠 것이 아니라 공격을 막을 수 있을 만큼 저항하라는 메시지로 해석해도 좋을 것 같습니다.

　다시 강조하지만, 역사를 '객관적'으로, 현실을 '사실적'으로 보여준다고 여겨온 '그림'은 단지 백인이고, 시스젠더 남성이면서 이성애자이고, 비장애인 비청소년으로서 사교에도 능해서 권력자들을 가까이 둘 수 있었던 일부 기득권층의 욕망과 시선의 재현물입니다. 다음 장에서는 신처럼 '창조주'가 되고 싶어 했던 남성 화가들이 '보기에 참 좋았더라!' 감탄하며 만든 여성 '피조물'의 역사를 살펴보겠습니다. 그것이 현재 우리의 삶과 어떻게 연결되는지도 함께 생각해보면 좋겠습니다.

유럽의 미술관에 가보면
벗겨지고 눕혀진 비너스를
자주 볼 수 있습니다.
벗기고 눕히는 것은 언제부터,
왜 생겨났을까요?

6
누드화의 '전통'

얼마 전, 호기심에 초등학교 앞 문방구에 가보았는데요, 장난감만큼이나 많은 화장품과 액세서리가 있었습니다. 여성도 교육의 기회를 제한받지 않는 21세기가 되었는데 남성들은 왜 여전히 여성을 같은 인간으로, 동료로 보지 못할까 하는 고민을 계속하던 저는 오래전에 보았던 기사가 떠올라 다시 찾아보았습니다. 2012년 11월 5일 〈경향신문〉 기사로, 제목은 "화장하는 女초등생들, 화장 안 하면 '왕따'"였습니다. 여자 초등 5, 6학년생 절반이 화장을 하고, 화장을 안 하면 왕따를 당하는 지경이라는 내용이었습니다. 관련 기사에 따르면 10대용 화장품 시장이 급성장을 하고 있고, 광고 모델로 아이돌을 내세운다고 설명했습니다. 가부장제는 교회에서 국가, 자본으로 파트너를 늘려갔지요. 가부장제와 자본주의가 결탁해서 어릴 때부터 여성에게 외모 꾸미기를 위한 소비를 부추기고, 스스로를 성 상품으로 만들도록 훈련시키는 환경이 심각하다는 것을 알 수 있었습니다.

2015년에 저는 한 여성단체와 함께 프로젝트를 하면서 대한민국의 성형 산업 실태에 대해 자세히 들여다볼 기회를 가졌습니다. 2008년 이후 국가 정책으로 성형을 관광산업과 연결시켜 지원하고 대중매체와 언론을 통해 홍보할 뿐 아니라, 그 과정에 사채업자들까지 결탁되어 있음을 알게 되었어요. 또한 2016년의 프로젝트에서는 직업을 구하려면 '용모 단정'이라는 조건부터 충족해야 하는 환경에 대해 인터뷰를 하고 많은 자료를 접했습니다. 이를 통해 대한민국에서는 '공적 영역'에 진입하려는 여성에게 일정한 기준을 넘는 '이상적'인 외모를 요구한다는 것을 알게 되었습니다. 그 무렵 보건복지부가 '바람직한 여성 가슴의 모양'을 제시하고, 행정자치부가 '가임여성 지도'를 만들어 많은 지탄을 받는 일도 있었습니다. 대한민국이라는 국가가 여성을 어떤 존재로 설정하고 정책을 만드는지 확실히 일깨워준 사건이었습니다.

　현재의 시각 문화와 소비 패턴 등은 분명 대중매체로부터 많은 영향을 받습니다. 저는 대중매체와 자본주의가 발달하기 이전에는 어땠을지 궁금해졌습니다. 그래서 이미지의 역사를 되짚어보니, 오래전부터 남성들은 '누드'라는 장르를 통해 여성을 성적 대상으로 만들고, '미의 기준'을 만들어 여성의 가치와 연결시켰음을 알게 되었습니다.
　하지만 아직도 많은 사람들이 '미의 추구'는 인간의 본성이고, '누드'는 미학의 차원에서 다루어야 할 '예술'이며, '예술'과 '외설'은 구분된다는 신화를 믿고 싶어하는 것 같습니다. 미술사학자인 이케가미 히데히로는 『관능 미술사』라는 책에서 다음과 같이 주장합니다.

예로부터 예술가란 일차적으로는 아름다운 것을 형태로 만들고 싶어하는 존재다. 그리고 남성은 본능적으로 여성의 육체에 매력을 느끼게 되어 있다. 그렇다면 역사적으로 남성이 대부분을 차지해온 예술의 세계는 필연적으로 여성의 누드를, 그중에서도 가장 아름다운 여성의 누드를 그리고자 하는 노력의 역사이기도 하다.

하지만 저는 이 말에 전혀 동의할 수 없습니다. 여러 가지 의문이 계속 따라붙을 뿐이지요. '예술가'라는 사람의 사회적 지위나 역할은 계속 달라졌는데, 어떻게 '예로부터' 그랬다고 간단하게 주장할 수 있을까? 저 주장을 하기 전에 '예술'이란 무엇인지, 그리고 '예술가'란 무엇인지 대해 역사적인 논의부터 시작해야 하지 않을까? 저 주장대로라면 모더니즘 이후 반(反)미학을 추구했던 아방가르드 예술가들은 '예술가'가 아닌 걸까? 그런데 '아름다움'은 누가 규정했나? '아름다움'을 정의하거나 판단할 수 있는 주체는 누구였나? 그 주체들에 대한 의심과 검토 없이 그들의 판단을 그대로 받아들여도 될까? '일차적으로는'이라며 빠져나갈 구멍을 만들기는 했지만, '아름다운 것을 형태로 만들고 싶어한다'고 할 때 비물질적인 작업을 추구하는 현대의 예술가들에 대한 이해는 없는 것 아닌가? 남성이 '본능적으로' 여성의 육체에 매력을 느낀다고 규정하는 근거는 무엇인가? 남성의 육체를 미의 기준으로 삼았던 시대를 예외적으로 두는 의도는 무엇일까? 비유럽 지역에서 여성이 성적인 주체로서 재현되는 문화들을 외면하고 무시하는 이유는 무엇일까? 남성과 여성의 성적인 욕구를 모두 존중했던 중세 이전을 언급하지 않는 이유는 무엇일까? 남성의 '성욕'은 장려받고, 여성의 '성욕'은 없는 것으로 규정했던 중세 이후의 정치적·종교적 상황들을 무시하고 자연의 법칙처럼 말하는 것은 너무 안일한 것 아닌가? 이 모든 것에 '가부장제 이성애주의 사회에서 남성의 성욕이 남성성을 보증한다는 이데올로기의 영향 아래에서'라는 중요한 단서를 빼놓은 이유는 무엇일까? 과거의 여성은 예술 작품을 만들 기회도 거의 없었는데, 가부장제가 무너지고 여성이 더 많은 예술 생산을 하게 된다 해도 저런 주장을 할 수 있을까? …… 아이고, 밤을 새도 모자랄 것 같네요!

가부장제 남성 중심의 이 사회에서 남성들이 권위를 내세워 주장을 펼치면 대부분 '법칙'처럼 받아들여집니다. 하지만 조금만 되짚어보면 논리도 일관성도 없는 경우가 많고, 기존의 가치와 규범을 옹호하기 위해 자신들이 독점했던 언어와 자료들을 이용하는 경우가 많습니다.

남성만을 주체로 삼는, 교묘하게 주어를 감추었지만 결국 주어가 항상 남성인 주장들을 우리는 다시 살펴봐야 합니다.

여성을 성적인 존재로 규정하고, 남성이 시선의 주체가 되어 여성을 미의 대상으로 삼는 것을 당연히 여기며, '아름다움'이 여성의 '능력' 또는 '가치'가 되고, 그래서 여성이 스스로 그것을 추구하고 있다고 믿게 만드는 시각 문화. 여기에 문제를 제기하면서 서양의 '누드 전통'을 살펴보려고 합니다.

저는 '누드'를 이렇게 정의하고자 합니다. '성별 이분법과 이성애를 기준으로 한 남성만이 적극적이고 능동적인 성적 욕망의 소유자라는 입장에서, 남성을 시선의 주체로 놓고 여성을 성적 대상화한 이미지'라고 말입니다. 피사체를 '누드'로서 표현한 사진은 '누드 사진', 그림에 등장하는 인물을 '누드'로서 표현한 그림은 '누드화'가 되겠지요. 그럼, 유럽을 중심으로 하는 서양미술사에서 '누드화'가 어떻게 유행하고 변화했으며, 현재 우리에게 어떤 영향을 미치는지 살펴보도록 하겠습니다.

1) 옷을 벗은 비너스의 탄생

◀ 〈아나비소스의 코우로스〉, 작자 미상
◆ 〈페를로스의 코레〉, 작자 미상
▶ 〈크니도스의 아프로디테〉, 기원전 330년경 프락시텔레스의 작품이 원작이며,
　사진은 고대 로마시대의 모작품

　　고대 그리스에서 동성애가 성행했다는 것은 널리 알려진 사
실입니다. 당시에는 '인체의 아름다움'을 표현할 때에도 남성
의 신체를 기준으로 해서 '코우로스(소년상)'는 벗은 신체를 표
현했지만, '코레(소녀상)'는 옷을 입혔습니다. 코레의 옷 주름

을 얼마나 사실적으로 표현하는지가 기술력의 척도였다고 합니다. 여신들도 옷을 입은 모습으로 표현했습니다. 아프로디테는 바닷물에서 태어났다고 하는데, 젖은 옷이 몸에 착 달라붙은 모습으로 표현하면서 여성의 육체를 드러내게 되었습니다. 그리고 헬레니즘 시대에 이르러서 조각가 프락시텔레스가 아프로디테의 옷을 벗깁니다. 이후 〈크니도스의 아프로디테〉는 '물에서 나오는 아프로디테(=비너스)'의 본보기가 되어 이후의 그림과 조각에 계속 영향을 끼칩니다.

〈비너스의 탄생〉, 산드로 보티첼리, 1486년경

예배적 예술에서는 여성을 성적 대상으로 다루는 것이 금기시되었지만, 르네상스가 도래하자 인체에 대한 관심이 크게 늘고 미를 추구한다는 명목 아래 여성의 신체를 강조하는 그림이 그려지기 시작했습니다. '고전'의 시대에 이미 벗겨진 바 있는 비너스는 누드로 표현할 명목도 확보해놓은 셈이었으니 '고전 부흥'의 시대에 이르러 귀족들에게 인기 있는 소재가 되었지요.

특히 보티첼리가 그린 〈비너스의 탄생〉은 당시 매우 파격적인 그림이었는데, 본격적인 여성의 누드였기 때문입니다. 그림 속 비너스는 무게 중심이 한쪽으로 기울어져서 따라 해보면 제대로 서 있기 힘듭니다. 이는 보티첼리가 모델을 관찰해서 그린 것이 아니라 머릿속에 있는 '아름다움', 사실은 그리스 로마 시대부터 내려온 '미의 기준'으로부터 영향을 받아 여성의 신체를 상상해서 그렸기 때문인 것으로 보입니다.

또한 보티첼리가 비너스를 그린 것은 인체 해부학이 발달하기 전이었고, 다빈치가 해부학을 그림으로 옮기기 전이었으며, 뒤러가 실제로 벗은 인체 모델을 보고 처음 그림을 그림으로써 '이상적인 인체'의 기준들이 구체적으로 설정되기 전이었습니다. 그래서 여성의 신체를 사실적으로 표현할 수 없었을 것입니다. 그럼에도 불구하고 여성의 벗은 전신을 그려내고자 했으니 그 욕망이 더 흥미롭게 다가옵니다.

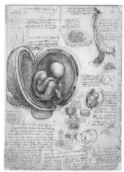

▶〈비트루비우스적 인간〉레오나르도 다빈치, 1490
▶〈해부학〉, 레오나르도 다빈치, 1490

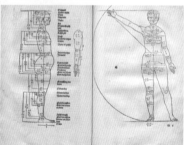

▲〈옆으로 누워 있는 여자를 그리는 남자〉, 알프레히트 뒤러, 1525년경
◀〈자화상〉, 알프레히트 뒤러, 1500
▶〈여성의 비율〉, 알프레히트 뒤러, 1528

인체 해부학에 몰두했던 다빈치의 영향으로, 피렌체에서는 수학과 물리학, 원근법, 데생 수업을 받은 다음에야 붓을 질 수 있게 하는, 일종의 화가 수업 코스가 만들어졌습니다. 이로 써 회화를 일상 기술에서 분리하여 문법·웅변술·기하·천문학·음악 등과 함께 자유기예(liberal arts)의 한 분야로 포함시 켜 그 지위와 인식을 높이려고 했습니다. 뒤러가 그린 자화상을 보면 예수 그리스도를 닮아 있으며, 그는 자신이 만든 이상적인 인간의 비율을 적용해서 아담과 하와를 그리기도 했습니다. 여기에서 창조자로서의 위치를 차지하고자 하는 남성 화가의 욕망을 엿볼 수 있습니다. 창조주가 세상 만물을 만든 후 "보시기에 심히 좋았더라"고 한 것처럼, 자신이 '보기에 좋은' 여성을 '창조'해내고자 하는 남성 화가의 욕망과, 아름다운 여성 그림을 주문하고 소유함으로써 여성 신체를 소유하고자 했던 귀족이나 부유한 상인들의 욕망이 잘 맞아떨어진 것이 바로 누드화였습니다. 이에 대해 인류학자인 클로드 레비스트로스는 다음과 같이 말합니다.(존 버거의 『다른 방식으로 보기』에서 인용한 것을 재인용함)

르네상스 시기의 예술가에게 회화는 앎의 도구였을 수도 있지만 또한 소유의 수단이기도 했다. 르네상스 회화를 이야기할 때, 우리는 피렌체와 그 밖의 지역에 어마어마한 부가 쌓여 있었기 때문에 그런 회화가 가능했다는 점, 그리고 부유한 이탈리아 상인들은 화가들을 일종의 대리인으로 봤다는 사실을 잊어서는 안 된다. 대리인으로서 화가들은 이탈리아 상인들로 하여금 자신들이 세상의 아름다운 것과 욕망의 대상이 되는 것들을 모두 소유하고 있다는 확신을 가질 수 있게 해주었다. 피렌체의 궁전에 쌓인 그림들은 하나의 소우주를 대변하고, 그 소우주 안에서 독점적인 소유자는 예술가 덕분에 쉽게 손이 닿을 수 있는 곳에, 그리고 가능한 한 가장 현실적인 형태로, 자신과 관련이 있는 세상의 모든 면모를 재창조할 수 있었다.

레비스트로스의 견해를 통해서도 그림의 소유자가 그림 속 누드 여성을 어떻게 여겼을지 충분히 알 수 있습니다. '누드'는 보통 예술의 한 장르로 다루어지며, 서양의 유화에서 '누드화'는 휴머니즘 정신을 탁월하게 표현한 무언가로 간주됩니다. 그러나 이 '누드'의 '전통'은 모순을 가지고 있지요. 한쪽에는 예술가, 사상가, 후원자, 소유주라는 권력을 가진 개인이 있고, 다른 한쪽에는 그들에게 대상이 되는 사물 혹은 추상적인 존재처럼 취급되는 사람, 즉 여성이 있다는 것입니다. 유럽의 '누드'라는 '예술형식'에서 화가와 관객(소유자)은 보통 남자이며, 대상으로 취급받는 인물은 여성이라는 것을 잊으면 안 됩니다. 이 누드화의 전통이 어떻게 이어졌는지 계속 살펴보겠습니다.

폼페이 벽화

시대를 더 거슬러 올라가 살펴보면, 고대에는 에로티시즘과 성욕을 신의 선물처럼 여겼다고 합니다. 약 2,000년 전에 번성했던 폼페이의 벽화를 보면 여성을 수동적으로만 표현하지 않았어요. 여성 상위 체위도 많고, 여성에게 애무하는 남성의 모습도 있습니다. 또 이성애 중심의 일대일 관계를 벗어난 것도 많아요.

그런데 삼위일체설, 원죄설, 구원설 등을 만들며 중세 철학에 큰 영향을 미친 아우구스티누스가 평생에 걸쳐 금욕을 주장하고, 중세 기독교가 성욕을 악으로 규정하면서 성욕에 대한 인식이 변화했습니다. 자녀를 낳기 위한 성관계를 제외하고는 죄악으로 여기게 되었습니다. 아우구스티누스는 우리가 알고 있는 기독교의 거의 모든 교리를 만든 인물입니다. 그 덕분에 여성이 원죄와 동일시면서 여성의 몸 자체가 금기시되었고, 그림을 그릴 때에도 여러 제약이 따랐습니다.

그러다가 종교의 힘이 약해짐에 따라 금기도 약해졌고, 남성 화가들은 새로운 장르에 매력을 느끼게 됩니다. 하얀 캔버스 위에 이미지를 만들어내는 것은 무에서 유를 창조해내는 것입니다. 신으로부터 '직접 창조된' 남성 화가들은 여성의 이미지를 창조함으로써 스스로 신이 되는 기쁨을 만끽할 수 있었던 것이지요. 이렇게 만들어진 남성의 피조물—여성—은 오로지 남성의 기쁨을 위해 존재합니다.

하지만 금욕주의적 기독교 세계관이 남아 있었던 시기에는 남성의 욕망을 노골적으로 드러내기 어려웠을 겁니다. 그럴 때 비너스, 즉 '미의 여신'을 그리면 인간을 만든 신의 능력을 찬양한다는 명분이 생기면서 실제로는 남성의 욕망을 채우는 포르노그래피로 기능할 수도 있는 것이지요. 화가 자신(남성)의 욕망을 채우고 구매자(남성)의 욕구도 맞출 수 있으니 이보다 더 좋은 소재가 어디 있었겠어요? 하지만 성적 대상화를 위해 곡선을 강조하면서도 쓰러지지 않고 균형 잡으며 서 있도록 그리는 것은 기술적으로 어려웠을 것입니다. 그럴 때 문제를 쉽게 해결하는 방법이 있었으니, 바로 비너스를 눕히는 것입니다.

2) 비너스, 드러눕다

고대 작품을 모범으로 삼은 '드러누운 비너스'는 르네상스에서 부활한 고대 도상 중에서도 가장 인기를 끌었다고 합니다. 특히 베네치아에서 '누드화'가 크게 유행했는데, 교황청과거리가 멀어 성도덕에 엄격하지 않으면서 국제 무역항이 있어서 성 산업의 중심지였으며, 모델을 구하기도 쉽고 구매력을 갖춘 상인들도 많았기 때문입니다. 르네상스 시기에 확립된 '드러누운 비너스'는 이후 서양미술의 중요한 도상 전통으로 자리를잡습니다.

◀ 〈조개껍데기의 비너스〉, 작자 미상의 폼페이 벽화
▶ 〈잠자는 비너스〉, 조르조네-티치아노, 1541

〈잠자는 비너스〉는 조르조네가 그리기 시작하였으나 도중에 사망하는 바람에 조수였던 티치아노가 완성했습니다. 실오라기 하나 걸치지 않은 최초의 누드화로 유명하지요. 저는 이 그림에 예나 지금이나 남성이 기대하는 여성의 모습이 담겨 있다고 생각합니다. 그림 속 여성은 벗은 자신의 몸을 편안하게, 충분히 감상할 수 있도록 눈을 감습니다. 시선의 주체가 되어서는 안 되기 때문이지요. 어릴 적 부모님이나 선생님에게 혼이 날 때 눈을 똑바로 쳐다봤다가 어떤 말을 들었는지 떠올려본다면 시선의 방향성과 권력에 대해 이해하기 쉬울 겁니다. 여성은 눈을 감아 자신의 소유자와 정면으로 시선이 부딪치는 것을 피했습니다. 그리고 몸에는 겨드랑이 털도 음모도 없습니다. 몸에 난 털은 남성성을 떠올리게 하므로 제거해야 하는 것입니다. 점이나 흉터, 주름도 전혀 없이 매끈하고 따뜻하며 부드럽게 표현된 피부는 촉각을 자극하지요. 손을 뻗으면 만질 수 있을 것 같은, 수동적인 존재로 보이는 여성이야말로 '미의 기준'이 되었습니다.

〈잠자는 비너스〉 이후 드러누운 비너스상은 서양미술에 정착되었습니다. 이어서 무방비 상태로 정신없이 자고 있는 비너스들이 더욱 에로틱한 모습으로 그려집니다.

▲ 〈잠자는 비너스와 큐피드〉, 니콜라 푸생, 1630년경
▼ 〈잠자는 비너스와 큐피드〉, 아르테미시아 젠틸레스키, 1625

푸생의 〈잠자는 비너스와 큐피드〉의 중앙에는 벗은 몸으로 팔다리를 널브러뜨린 채 잠든 비너스가 있습니다. 그 곁에 아기 모습을 한 큐피드 둘이 있고, 오른쪽 상단에는 비너스를 엿보는 님프가 둘 있습니다. 그리스 로마 신화에서 비너스는 성적 욕망이 가득한 여신으로 묘사되어 있기 때문에 도발적인 포즈를 연출하여 그리기 적합한 대상입니다. 화가들은 관능적인 비너스를 앞다투어 그렸는데, 그만큼 수요가 많았기 때문입니다.

'유디트'와 '수산나'를 그릴 때에는 능동적이고 주체적인 여성상을 제시했던 아르테미시아조차 〈잠자는 비너스와 큐피드〉를 그릴 때에는 당시의 유행을 그대로 따랐습니다. 이 그림을 그린 1625년은 사치스럽고 무능력한 남편 피에트로가 아르테미시아의 이름으로 큰 빚을 져서, 아르테미시아가 여기저기 도움을 구해야 했던 시기입니다. 튜브물감이 나오기 전인 18세기까지 그림을 그리려면 비용이 무척 많이 들었습니다. 그래서 화가들은 주문을 받아 제작하는 경우가 많았고, 다 그린 그림을 팔지 못하면 큰 손실을 입어야 했습니다. 경제적으로 가장 역할을 맡았던 아르테미시아도 구매자들의 입맛에 맞게 관능적인 비너스를 그려야 했던 것 아닌가 싶습니다.

3) 살롱전이 만든 누드의 규범

〈그랑드 오달리스크〉, 장 오귀스트 도미니크 앵그르, 1814

앞에서 살펴본 것처럼 누드의 대상은 처음에는 성경 속 인물, 신화 속 여신이었습니다. 그러다가 점차 평범한 여성들의 옷을 벗겨 여신으로 둔갑시킨 누드화가 그려졌고, 그 그림들이 예술로 인정받기 시작했습니다.

미술 작품은 오랫동안 귀족들의 전유물이었는데, 1667년에 파리 살롱전이 생기면서 신분에 관계없이 누구나 그림을 볼 수 있는 길이 열렸습니다. 살롱전에는 아카데미 회원만 출품할 수 있었고, 살롱전에 출품한 작품의 평가에 따라 화가들은 벌이가 달라졌다고 합니다.

그런 중요한 자리에 앵그르는 완성한 지 5년이 지난 〈그랑드 오달리스크〉를 출품했습니다. 오달리스크는 터키 황제의 시중을 드는 노예를 말합니다. 이 그림을 두고 사람들은 인체 비례와 해부학적 형태가 맞지 않는다며, 앵그르의 실력이 서툴다고 비난했습니다. 그런데 얼마 지나지 않아 평판이 뒤집혀 '작품성'을 인정받습니다. 앵그르가 소묘를 잘 못해서 그런 것이 아니라, 창의성을 발휘하여 여인의 몸을 율동적인 형태로 변형하려고 한 것이며, 오달리스크의 자연적 육체를 회화적 신체로 바꾸었다고 해석한 것입니다.

그런데 여기서 의문이 생깁니다. 앵그르는 왜 그런 실험을 서양/백인 여성이 아닌 서양과 동양의 경계에 있는 비백인 터키 여성의 신체를 대상으로 한 것일까요? '동양' 사람들은 '미개해서 성적으로 발달'했기 때문에 성적인 환상을 투영하기에 적합한데, '동양' 여인으로 묘사하면 이질감이 느껴질 수 있어서 '서양' 여인처럼 피부색이 밝은 터키 여성이 적합하다고 생각한 건 아닐까요? 고대 그리스 로마 시대에 누드의 대상은 신이나 요정, 영웅이어야 했고, 그 전통을 따르지 않으면 '외설적'이라고 보았는데 어째서 〈그랑드 오달리스크〉는 예술로 받아들여졌을까요?

앵그르의 또 다른 그림 〈터키탕〉을 보면 답의 윤곽이 보입니다.

〈터키탕〉, 장 오귀스트 도미니크 앵그르, 1862

　이 그림은 앵그르가 말년에 그린 것으로, 애초에 사각형 캔버스에 그렸다가 나중에 원형 캔버스로 바꾸었다고 합니다. 그러자 열쇠 구멍으로 들여다보는 듯한 효과가 나서 관음증을 충족시켜주는 결과로 이어졌습니다. 18세기 터키 주재 영국 대사의 부인이 쓴 『터키탕 견문기』를 읽고 상상해서 그렸다는데, '동양'에 대한 성적인 환상이 고스란히 담겼습니다. '근대화'되지 못한, '합리적 이성'이 결여된, 미개하고 동물적인, 그래서 정복하고 계몽해야 할 대상으로서의 '동양'. 이 모습은 가부장제 남성 중심 사회가 바라보는 '여성'과 정확히 겹쳐지지요.

〈터키탕〉을 살펴보면 여성들이 빽빽하게 들어차 있습니다. 저렇게 빽빽하면 목욕을 할 수 없지만, 어차피 그림 속 '여성'들은 어떤 행동을 할 수 있는 행위의 주체자가 아니라 사물과 같기 때문에 화가의 마음대로 배치하면 되는 것일 뿐 아무 상관이 없는 것입니다. 그림 속 '여성'들의 몸은 관절과 근육을 사용하여 자신의 의지대로 움직일 수 있는 몸이 아닙니다. 그저 고깃덩어리처럼 묘사되었습니다. 유일하게 자기 팔다리의 힘으로 서 있는 것은 왼쪽 상단에 그려진 '여성'뿐입니다. 이는 구도 때문에 나중에 추가한 것이라고 하는데, 몸을 씻기 위한 동작이라기보다는 그림 밖 남성에게 자신의 '아름다운' 곡선을 드러내기 위해 다리를 꼬고 까치발로 서서 두 팔을 올리고 허리를 비틀고 있는 것 같습니다.

앵그르는 목욕하는 여성을 많이 그렸는데, 다른 그림들에서도 여성을 사물처럼 다룹니다. 아니, 여성을 사물로 재현해야 뛰어난 작품으로 인정받았던 것이라고 말할 수도 있겠습니다. 포르노그래피는 남성에 의한 여성 강간 신화를 조장하며 폭력과 섹슈얼리티를 연결시킵니다. 그러기 위해 여성을 고깃덩어리로, 정복당하기를 기다리는 싱직인 노예로 재현합니다. 강간 등의 성폭력은 피해자의 저항 의지를 빼앗고, 피해자를 가해자의 강간 의지에 복종하는 수동적인 존재로 만듭니다. 여성의 수동성을 강조하는 것이 바로 포르노그래피의 주제인 것입니다.

〈터키탕〉은 나폴레옹 3세가 주문하여 제작했는데, 너무 노골적이라는 이유로 반환되었다고 합니다. 그랬던 이 그림이 '목욕하는 누드'의 정점이라고 평가받으며 유명세를 얻고 있으니, 그 뒤에 숨은 욕망이 무엇인지 생각하게 됩니다.

수많은 욕망 가운데 남성들이 유독 성적 욕망에 집중하는 이유는 무엇일까요? 그 성적 욕망이라는 것도 이성애 중심의 가부장제 질서를 거스르지 않는 '정상적'인 관계라는 것이 의미하는 바는 무엇일까요? 욕망의 주체는 언제나 이성애자 남성으로 상정되어 있다는 것은 어떤 권력의지를 나타내는 것일까요?

그림 〈터키탕〉의 소유자와 (남성)관객에게 그림 속 여성들은 어떤 존재일까요? 깨끗하게 몸을 씻고 선택당하기를 기다리는, 언제든 누구든 선택만 하면 되는 존재들, 자신을 위한 성적 대상들 아닐까요? 바로 이러한 시선이 현재 대한민국의 시각 문화에도 연결되어 있습니다. 학교에 신입 여학생이 들어오거나 회사에 신입 여성 직원이 들어오면 외모를 품평하며 순위를 매기고, 누구와 자고 싶은지 공유하는 것으로 '유대감'을 확인하는 남성들의 언행이 '문화'로 존재한다는 데에서 그것을 확인할 수 있습니다.

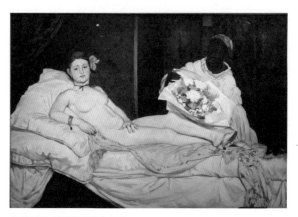

〈올랭피아〉, 에두아르 마네, 1863

마네의 〈올랭피아〉는 앵그르의 〈터키탕〉과 비슷한 시기에 그린 것입니다. 당시 시민들이 〈올랭피아〉에 분노하여 그림을 훼손하려고 달려드는 바람에 막대기가 닿지 않는 높은 곳에 걸어야 했답니다. 〈올랭피아〉와 〈터키탕〉은 무엇이 다를까요?

당시에는 아무리 선정적인 모습으로 그려도 '비너스 여신'으로 묘사하면 누드의 좋은 예가 되었다고 합니다. 요컨대 벗은 여성의 인격을 신격화하고 현실의 육체에 고상한 신화의 옷을 입혀 천상의 육체로 승화시킨 것이 '누드 정신'이라는 것이지요. 앵그르는 여인들에게 '비너스'라고 이름 붙이지는 않았지만 이 전통을 따르려 했다고 간주되었습니다.

하지만 마네는 당시 창부에게 흔한 기명이었던 '올랭피아'라는 이름을 대놓고 그림 제목으로 지었습니다. 그뿐 아니라 실제로 술집에서 일하는 어린 여성을 모델로 삼았고 유곽을 떠올리게 하는 요소들을 그림 곳곳에 배치하였습니다. 이처럼 "누드의 인격을 천상에서 지상으로 떨어뜨려 격하"시켰기 때문에 〈올랭피아〉는 '외설'이 된 것입니다. 〈그랑드 오달리스크〉는 구체적인 대상 없이 막연한 것을 생각하게 하지만 〈올랭피아〉는 현실의 몸을 상상하게 하고, 〈그랑드 오달리스크〉를 보며 여인의 관능미를 막연하고 편안하게 상상할 수 있었다면 〈올랭피아〉의 노골적인 누드 앞에서는 그 같은 감상 대신에 거북한 선정성을 느끼게 된다는 것이지요.

이러한 진단과 평가는 대체 누가 하는 것일까요? 위의 평가는 소위 권위를 가진 남성들이 쓴 내용인데, 저는 전혀 동의할 수가 없습니다. 선정성이란 '어떤 감정이나 욕정을 자극하여 불러일으키는 성질'을 가리킵니다. 마네의 〈올랭피아〉에 등장하는 평면적이고 창백한 신체는 욕정을 불러일으키고, 조르조네의 〈잠자는 비너스〉나 푸생의 널브러진 비너스, 앵그르의 변형된 오달리스크는 '아름답고' '예술'이라는 판단에 동의하시나요? 구글에서 '선정성'과 '선정적인'으로 이미지 검색을 하면 여성들의 모습만 나오는데, 이는 '선정성'이라는 단어가 남성을 위해 존재함을 보여줍니다.

　남성들이 기대하는 수동적인 여성상을 그려놓고 '비너스'라고 포장해야 하는데, 마네의 그림은 현실을 그대로 드러냈으니 불편했던 것 아닐까요? 당시 파리의 시민은 170만 명이었는데, 매춘부가 12만 명 정도였다고 합니다. 벗은 여성의 그림을 보면서 아무 고민 없이 관음증을 해소하고 성적 대상으로 마음껏 상상하며 소비하고 싶은데, 외면하고 싶은 현실을 보여주는 그림이 머릿속을 복잡하게 만들자 화가 났던 건 아닐까요?

〈테피다리움에서〉, 로렌스 앨마 태디마, 1881

　태디마는 영국에서 활동한 화가로, 빅토리아 시대에 가장 성공한 화가 중 하나였습니다. 그의 작품은 고전미를 완성도 높게 구현해서 인기를 끌었다고 합니다. 그런데 〈테피다리움에서〉라는 그림은 골칫덩어리가 되지요. 테피다리움은 고대 로마의 온탕을 말하는데, 그림 속 여성은 누워서 양손에 각각 타조 깃털과 스트리질(몸에 기름을 바른 뒤 긁어내는 도구)을 들고 있습니다. 한 비누 회사에서 이 그림을 광고에 사용하려고 구입했으나, 발갛게 상기된 여성의 얼굴과 스트리질의 모양이 여성의 자위를 연상하게 해서 고객이 '외설적'이라고 느낄 것이라는 우려 때문에 사용하지 못했다고 합니다.

이 일로부터 다음 질문에 대한 답의 단서를 찾아볼 수 있습니다. 옷을 입지 않은 여성의 신체 이미지가 어떤 경우에는 누드로서 '아름답다'고 받아들여지고, 어떤 경우에는 '외설적'이라고 평가될 것인가? '예술'과 '외설'의 차이는 무엇인가?

여성이 온전히 성적 대상이 되어 남성의 감상을 방해하지 않으면 예술, 여성의 능동성이 드러나서 남성의 감상이 방해되면 외설이 되는 것이지요. 자신의 성적인 욕망은 드러내지 않고, 남성에게 모든 것을 내맡기는 수동적인 존재만이 '관능적'(이 단어 역시 이미지 검색의 결과는 여성의 모습만 나옵니다)으로 보이고, '아름다운 인체'로 포장되어 '예술'이 됩니다. 이는 신화 속 수많은 여신들 중에 누가 집중적으로 재현되었는가를 살펴보아도 확인할 수 있습니다.

4) 갇히고 강간당해야 인기녀?

〈다나에〉, 티치아노, 1553-1554

그리스 로마 신화에 등장하는 수많은 여신 중에서 비너스와 함께 서양미술에서 큰 인기를 끌었던 주인공은 다나에입니다. 우선 신화 속에 나오는 다나에를 잠시 살펴보겠습니다.

다나에의 아버지는 훗날 다나에의 아들이 자신을 죽이리라 는 신탁을 듣고 다나에를 놋쇠로 만든 탑에 가둡니다. 그런데 어느 날 제우스가 다나에를 발견하여 무릎 사이로 황금 소나 기를 퍼부었고 다나에는 임신을 합니다. 제우스의 정액을 황금 소나기로 비유한 이 이야기는 '여인의 미'와 '금지된 사랑'이라 는 주제로 많이 그려졌습니다.

티치아노가 그린 〈다나에〉를 보면 다나에는 벌거벗은 채 귀걸이와 팔찌, 반지 등 장신구를 착용하고 침대에 기대 누워 있습니다. 다나에 몸 위로 떨어지는 것은 동전처럼 보이기도 합니다. 흔히 다나에는 무릎 사이에 천을 걸친 채 다리를 벌리고 있거나, 느슨하게 옷이 벗겨져 한쪽 가슴을 드러낸 상태로 묘사됩니다. 또, 작은 큐피드나 금전을 모으려는 나이 든 하녀 혹은 유모가 등장하기도 하여 매춘을 암시하는 것처럼 보입니다. 그렇게 해석될 것을 우려하는 사람들이 "예술 작품은 포르노그래피와 구분된다"고 주장하기도 하는데, 그것이야말로 '예술 작품'에 대한 신화를 반복해서 확인하는 것일 뿐 아무런 내용이 없는 이야기 아닐까요?

다나에의 재현 방식과 더불어 중요한 것은 신화의 내용입니다. 다나에 이야기에서 아버지의 의지(다나에가 남자를 만나 임신하는 것을 막는다)와 제우스의 의지(다나에와 섹스를 한다)만 확실할 뿐, 다나에의 의지와 선택에 대한 내용은 없습니다. 다나에는 아버지의 소유물로서 남성과의 접촉이 차단된 '순수한 존재'이며, 도망칠 수 없는 곳에서 제우스라는 신에게 압도되고 그의 선택에 의해 임신하는 '수동성을 갖춘 성적 존재'입니다. 강간 신화에 매우 적합한 캐릭터인 것이지요. 노골적으로 '누드'로 그려내기에 이 얼마나 완벽한 조건인가요?

〈다나에〉, 카롤뤼스 뒤랑, 1900

    뒤랑이 그린 〈다나에〉는 살아 있는지조차 알 수 없습니다. 앞에서 본 여러 그림에서 여성들은 눈을 감아 감정과 의지를 감추었는데, 이 그림에서는 얼굴조차 필요 없는, 더 노골적인 고깃덩어리로 전락했습니다. 저는 이 그림을 보고 현재 대한민국에서 불법으로 유통되고 있는 성범죄 이미지들이 떠올랐습니다. 술이나 강제 주입된 약물에 의식을 잃은 여성을 '골뱅이'라 부르며 성폭행하는 것을 자랑하는 강간 문화가 펼쳐지는 사이트의 회원이 100만 명인 현실. 그런데도 "예술은 예술일 뿐"이라며 역사적 산물이자 우리의 의식에 큰 영향을 미치는 이미지들을 진공의 상태로 보호하려는 사람들은 그 의도가 무엇일까요?

뒤랑은 19세기 후반에 활약한 프랑스 화가인데, 파리에 유학을 왔던 일본인 화가들을 가르치기도 했습니다. 뒤랑은 일본에 나체 여성상이 도입되는 데 큰 역할을 했다고 합니다. 저는 여기에서 남성의 폭력성과 여성의 피학성을 강조하는 일본 성인 비디오를 떠올립니다. 또한 일본의 지배를 겪었던 한국의 여성관에도 영향을 끼치지 않았을까 생각합니다. 실제로 1920~1930년대 식민지 조선의 언론 보도를 통해 성적 규범이 만들어진 역사를 살펴보면, 남성이 여성을 대상으로 하는 과도하고 폭력적인 성적 욕망과 행동을 '정상'으로, 여성이 남성을 대상으로 하거나 여성을 대상으로 하는 성적인 욕망은 모두 '변태'적이고 문제적이라 수정되어야 할 것으로 취급하는 것을 알 수 있습니다. 물론 그러한 여론 형성은 남성 지식인, 남성 전문가들에 의한 것이었고요.

5) 바람직한 여성상이란?

▲ 〈풀밭 위의 점심 식사〉, 에두아르 마네, 1863
▼ 〈전원의 풍경〉 티치아노, 1509

자연을 배경으로 멀리 속옷 차림의 여성이 웅크리고 있고, 옷을 차려입은 두 남성 옆에 벌거벗은 여성이 앉아 관객을 빤히 쳐다봅니다. 1863년 살롱전에 출품했다가 낙선했을 뿐 아니라 많은 비난을 받았던 마네의 〈풀밭 위의 점심 식사〉입니다. 그런데 이 그림은 1509년 티치아노가 그린 〈전원의 풍경〉과 구성이 유사합니다.

〈전원의 풍경〉은 창작에 대한 가부장제 사회의 전형적인 신화를 보여줍니다. 문명을 상징하는 옷은 남성만 입었고, 자연과 동일시하는 여성은 옷을 입지 않았습니다. 악기를 연주하는 뮤지션, 즉 창작자는 남성이고 여성은 남성에게 영감을 주는 존재, 즉 뮤즈인 것이지요. 뮤즈는 피와 살이 있고 역사를 간직한 실존하는 여성과 다릅니다. 남성의 성적 대상이자 '미의 여신' 비너스처럼 상징적 이미지인 것이지요.

마네는 〈전원의 풍경〉과 비슷한 구성으로 자신이 살던 시대의 모습을 재현했습니다. 두 남성의 옷차림은 당시 파리 대학생들이 즐겨 입던 스타일이라고 하는데요, 지식인 남성이 지식을 뽐내며 토론을 할 때 그 옆에 꼭 필요한 것은 "오빠, 멋져요!" "사장님, 나이스 샷!"을 외쳐줄 젊은 여성인 것이지요. 그런데 이 여성은 〈올랭피아〉의 주인공과 마찬가지로, '여신'의 몸이 아니라 창백하고 뱃살이 겹쳐치는 현실의 여성입니다. 게다가 이번에도 불편하게 관객을 응시하고 있습니다. 이 그림 역시 대중에게 엄청난 비난을 받았다고 합니다.

마네가 페미니스트였는지는 모르겠지만, 〈올랭피아〉와 〈풀밭 위의 점심 식사〉를 통해 허위의식을 조롱하고 현실을 있는 그대로 그려냈습니다. 마네에게 돌아온 것은 엄청난 비난과 살롱전 낙선이었습니다. 같은 해 살롱전에서 최고의 찬사를 받은 작품은 카바넬이 그린 〈비너스의 탄생〉이었습니다.

〈비너스의 탄생〉, 알렉상드르 카바넬, 1863

이 그림에서도 '골뱅이'가 떠오르는데요, 이것을 최고의 그림이라고 심사를 한 사람들은 누구일까요? 만약 〈왕립 아카데미 회원들의 초상〉이 떠올랐다면, 맞습니다. 남성 누드모델은 화가들과 동등하게 배치하면서 실력을 인정받은 여성 회원 두 명은 액자 속의 그림으로 붙박아놓고, 여성의 팔다리를 자른 토르소를 바닥에 내동댕이치고 자궁 부위를 지팡이로 꾹 짚고 있던 바로 그 그림 말입니다. 최고의 화가로서 권위를 인정받았던 그들이 살롱전을 심사하며 '훌륭한 그림'의 기준을 정했습니다. 그들의 기준에 도달하려면 여성은 보여지는 대상일 뿐 시선을 가지면 안 되고, 무언가의 상징물일 뿐 현실에 존재하는 인간이면 안 되었던 것이지요.

남성 화가들이 재현한 여성 이미지는 남녀의 권력관계를 더욱 강화시켰습니다. 남성 화가들은 '비너스'로 시작해 온갖 고전, 역사, 문화에서 끌어온 제목을 가져다 붙이며 '미의 기준'을 논하고 '예술'이라 주장했습니다. 그러나 그 속에서 여성의 적나라한 육체는 하나같이 수동적으로 그려졌습니다. 여성은 자고 있거나 기절해 있거나 의식불명의 상태일 때가 많은데, 이런 연출은 여성의 자태를 거리낌 없이 엿볼 수 있는 장치입니다. 이때 여성은 수동적이고 만질 수 있으며 소유할 수 있는 무력한 이미지인 것이지요.

〈아락시스의 제방 위에서 발견된 제노비아〉, 윌리엄 부그로, 1850

　3세기경 팔미라의 여왕이었던 제노비아는 이집트를 굴복시키고 로마와 맞대결을 벌일 정도로 위세를 떨쳤습니다. 당시 어느 사내보다도 낙타를 잘 타고 지도력이 뛰어났다고 합니다. 제노비아는 로마가 지배하는 땅에 살던 집시들의 지도자가 되어 로마제국의 절반 정도를 무너뜨렸다고 하는데요, 지금으로 보면 이집트에서 터키에 이르는 엄청난 왕국을 건설했습니다. 제노비아는 하얀 낙타를 타고 선두에서 7만 군대를 이끌며 지

휘를 했는데, 아마 역사상 이런 여왕은 없었을 겁니다. 하지만 로마가 사활을 걸고 제노비아의 군대와 맞붙자 제노비아는 결국 패해 죽음을 맞이했고, 제노비아의 죽음에 대해서는 여러 가지 설이 남게 되었습니다.

윌리엄 부그로는 이 그림에서 제노비아가 죽은 뒤 제방 위에서 양치기에게 발견된 것으로 묘사했습니다. 역사에 기록된 가장 용맹스러운 여왕을 굳이 신체의 굴곡을 적나라하게 드러내면서 남성들에게 몸을 맡긴 모습으로 재현한 의도는 무엇이었을지 궁금합니다. 게다가 아라비아의 집시 아버지와 이집트인 어머니 사이에 태어난 제노비아는 갈색의 피부와 새까만 눈동자가 매력적이었다고 하는데, 그림에서는 새하얀 피부로 표현되어 있습니다. 시신을 옮기는 남성들의 손이 굳이 가슴을 접촉하고 있는 것도 불필요해 보입니다. 이 그림은 역사적 인물의 삶을 기념하기 위해 그렸다기보다, 위대한 여왕조차도 그림을 소유하고 감상할 수 있는 남성에게는 성적 소유물일 뿐임을 드러냅니다.

이런 그림들을 보면 시대나 양식, 등장인물의 신분이나 성격, 상황 등은 다양하지만 차이보다는 유사점이 더 두드러집니다. 어떤 작품에서나 여성은 그림 밖의 남성 감상자/소유자를 위한 대상으로 나타난다는 것입니다. 때로는 그림 속에 남자

하인, 큐피드, 천사 등을 구경꾼으로 등장시켜 그 의미를 노골적으로 강화하기도 합니다. 앞서 비너스와 다나에 곁에 있었던 '큐피드'의 다른 이름은 '아모르', 이탈리아어로 '사랑'을 가리키며, 그리스 신화에서는 '에로스'라고 부릅니다. 즉, 큐피드는 '에로티즘'이라는 용어의 유래이기도 한데, 원래 청년의 모습으로 그려지다가 점점 어린아이가 되어버린 기독교의 '천사'와 무척 비슷해집니다. 천사도 처음에는 날개를 그리지 않았는데 큐피드나 헤르메스, 파에톤 등 날개 달린 신들의 이미지로부터 영향을 받아 날개를 그리게 되었다고 합니다. 3장에서 보았던 '성녀의 엑스터시'에 등장하는 천사들을 떠올려보세요. 비너스든 다나에든 성녀든, 그림 속 여성은 결국 남성들에게는 성적 욕구를 위한 대상일 뿐입니다. 성적으로 '순결'한 '성녀'가 정신을 잃고 소년으로 형상화된 천사들에게 몸을 맡기는 엑스터시 도상은 누구의, 어떤 상상을 충족시켜줄까요?

7
누드의
후유증

'누드'는 권력자의 시선으로
소유물 상태의 여성을 재현한 것입니다.
그 시선에 익숙해진 남성은
여성을 자신과 동등한 인간으로
생각하지 못합니다.

〈불가능한 것에 대한 시도〉, 르네 마그리트, 1928

　여성을 성적 대상으로만 재현한 누드 이미지들은 여성뿐 아
니라 남성에게도 해를 끼칩니다. 과거에는 그림을 통해서였다
면, 현대의 남성들은 텔레비전·영화·게임 그래픽·불법 촬영
물 등을 통해 실재하는 여성보다 '누드' 이미지로서의 여성을
더 많이 경험하기도 합니다. 그러다보니 '여성'이라고 볼 수 있
는 기호들을 확인하면 바로 성적 대상으로 규정하고, 그와 관
련된 연상 작용을 이어가는 남성들이 생겨납니다. 인간은 타인

과 관계를 맺으면서 서로의 차이를 인식하고 차이에 대해 어떻게 소통할지, 그 차이를 어떻게 조율할지, 방법을 실험하고 실패하고 다시 시도하면서 인식을 확장시키고 인격의 성숙을 이루어갑니다. 그러나 인류의 반인 여성을 성적 대상으로만 단순하게 인식하는 남성은, 여성을 개별적 인격을 가진 '사람'으로서 이해하지 못하기 때문에 타인과 소통하고 관계 맺을 기회가 반으로 줄어듭니다.

타인과 더욱 긴밀하게 관계 맺기를 경험할 수 있는 기회 중하나인 '연애' 관계에서, 소통하는 법을 모르는 남성들은 인격 성숙의 기회를 얻기는커녕 여성에 대한 오해만 쌓고 범죄자가 되는 경우도 있습니다. 여성이 자신과 같은 인간이라는 것을 잊지 않는다면 여성이 주체적으로 판단하고 자신의 감정을 표현하는 데 대해 당황하거나 분노할 일이 없을 텐데, 여성이 자신의 뜻대로 하지 않는다는 이유로 분노하고 폭력을 저지르는 경우가 있습니다. 포털에서 '왜 안 만나줘'로 검색을 해보면 수많은 '이별 폭력' 사건 기사를 발견할 수 있는데요, 우리나라의 여성 대상 폭력이 과거에는 대부분 가정 내 폭력이었다면, 최근에는 데이트 폭력으로까지 확장되었다는 것을 알 수 있습니다. 남성이 자신과 관계 맺은 여성을 '성적 대상', '소유물'로만 생각하게 하는 문화는 남성을 가해자로 만드는 데에 기여하기 때문에 남성들에게도 결코 이로운 일이 아니라는 것을 쉽게 알 수 있지요.

실제로 최근 '인셀(involuntary celibate, 비자발적 금욕주의자)'이 사회문제로 떠올랐습니다. 여성의 존재 이유를 남성의 성적 욕구를 충족시켜주기 위한 것으로 보고, 여성에게 인기가 없어서 성적 욕구 충족에 좌절한 남성들을 일컫는데요, 자신의 성적 대상으로 삼을 수 없다는 이유로 여성들을 원망하고 그 마음이 분노로 변하면서 범죄까지 저지르게 되는 것입니다. 남성에게 과도한 성욕을 가지도록 부추기고, 남성의 성욕은 항상 충족되는 것으로 묘사하는 시각 문화가 한편으로는 성관계를 맺지 못하는 남성의 자존감을 해친 것이지요. 이러한 현상의 배후 중 하나는 남성이 관계 맺기나 의사소통 방법을 제대로 배우기도 전에 여성을 성적 대상으로 보도록 학습시키는 시각 문화라고 생각합니다.

오랜 세월 동안 남성은 시선의 주체이자, 이미지를 재현하여 새로운 세계를 창조하는 '창작'의 역할을 맡아왔습니다. 그러는 동안 여성은 남성의 피조물로서, 성적 대상으로서만 재현되고 제한되었으며, 이것을 우리 사회는 '예술' 또는 '문화'라고 불러왔습니다. 여성이 남성과 동등한 시민으로서 참정권과 교육권을 보장받기 위해 투쟁한 것이 백 년이 넘었지만, 여전히 우리를 둘러싼 시각 문화는 여성을 성적 대상으로만 규정하고 제한하려 합니다.

　문자 텍스트보다 시각 이미지가 더 큰 영향을 미치는 현대 사회에서도 이런 불평등한 관계는 깊이 각인되어서, 많은 여성들의 의식에도 영향을 주었습니다. 남성들이 여성에게 요구하는 것을 여성 스스로 자신에게 요구하는 것이지요. 여성 스스로 남성들이 여성을 보는 것과 같은 방식으로 자신의 '여성성'을 살펴봅니다. 그래서 누드화에 등장하는 여성들처럼 겨드랑이 털을 제거하고, 생명과 역사를 가진 인간이기 때문에 얼굴과 몸에 당연히 존재하는 모공, 땀구멍, 주름, 점, 흉터 등을 가리기 위한 여러 노동을 수행합니다. 대중매체에 등장하는 연예인처럼 눈이 크고, 이마가 볼록하고, 코와 턱이 작고 뾰족한 초식동물처럼 보이도록 자신을 연출하며 셀카를 찍습니다. 정면에서 옆으로 45도, 위로 45도 각도에서 찍는 것이 셀카의 문법이고, 스마트폰에서 셀카를 위한 카메라 렌즈는 원근법을 극대화하여 이러한 요구에 부합하도록 조작되었죠.

　대한민국에는 '화장은 예의'라는 사회적 통념이 존재합니다. 공적 영역에서 여성의 화장은 필수로 여겨집니다. 그런데 누구를 위한 예의일까요? 자연스러운 모습을 감추기 위한 노동을 '예의'로서 강요하는 사회는 여성을 남성과 동등한 사회 구성원, 시민, 동료, 주체로 인정하지 않습니다. 우리 사회에서 화장은 이중 규범이 있어서 화장을 하되 너무 노골적이어서는 안 되며, 생얼처럼 보이는 '자연스러움'이 있어야 합니다. 화장을 해서 실제 나이보다 동안이 되도록 만들어야 한다는 전제도 따라붙습니다.

화장의 유행은 계속 변화해서, 여성들은 화장을 비롯한 꾸밈 노동과 관련된 상품들을 새롭게 계속 구매해야 합니다. 그래도 불변의 '법칙'은 피부가 '깨끗해' 보이도록 하는 것과 눈이 커 보이게 하는 것이지요. 잉글랜드에는 '미용'이라는 미명 아래 독극물 중독을 자초하는 오랜 전통이 있었는데, 그중 하나가 벨라돈나(belladonna, 이탈리아어로 '아름다운 여인') 식물의 즙을 눈에 넣어 동공이 커 보이게 하는 것이었습니다. 현대에는 벨라돈나 대신 장시간 착용하면 안구 건강을 해치는 서클렌즈로 눈동자를 인형처럼 커 보이게 하지요. 과학이나 의학이 발달하기 이전 시대에 건강을 해치면서까지 '아름다움을 추구'하게 만들었던 '전통'이 그 해악성이 규명된 현대까지 이어져야 할 이유는 무엇일까요? 2018년 4월에 한 여성 아나운서가 매일 렌즈 착용으로 눈 건강이 악화되자 '탈코르셋'(여성에게 '오직 아름다울 것'을 강요하는 사회에 저항하는 의미로 꾸밈 노동을 거부하는 운동)의 한 방법으로 안경을 쓰고 방송을 진행했습니다. 이것이 기사화될 만큼 여성 아나운서가 안경을 쓰고 방송에 출연하는 일은 드뭅니다. 여성의 눈은 '보는' 기능보다 '보여지는' 기능이 중요하다는 것을 알 수 있지요.

대한민국의 여성들에게는 체력을 연마하거나 일상에 필요한 기술을 익히기 위한 행동과 훈련이 요구되지 않습니다. 대신 누드화의 모델처럼 '보이기 위한 존재'로서 아름다운 몸, 누군 가의 도움이 필요한 연약한 몸, 누군가가 선택해주기를 기다리 는 수동적인 몸을 만들어야 합니다. 가냘픈 팔다리에 한 팔로 안을 수 있는 허리를 가졌지만, 동시에 가슴과 엉덩이에는 볼 륨을 갖춘 몸매가 되면 가부장제 남성 중심 사회에서 누릴 수 있는 특혜가 많기 때문에, 극심한 다이어트와 성형수술 등 건 강을 위협하는 과정을 거쳐서라도 여성은 '여신'이 되기만 하 면 좋다고 여겨집니다.

여성의 몸은 '보기에 좋아야' 합니다. 이때 시선의 주체는 가 부장제에서 여성을 소유할 권한을 가진 남성입니다. 그래서 여 성의 몸을 있는 그대로 재현하거나, 여성을 주체로서 재현하거 나, 생명체이기 때문에 당연히 일어나는 생리 현상을 재현하면 남성 중심의 시선은 불쾌해합니다. 불온한 이미지가 됩니다. 실제로 2018년 봄, 경남의 한 고등학교에서 페미니즘의 관점 에서 성교육을 진행하다 강의가 중도에 취소된 일이 있었습니 다. 이 과정에서 여성주의 문화예술단체가 만들어 배포한 스티 커를 두고, "강사가 혐오스러운 이미지를 배포했다"고 항의한 학부모들이 있었다고 합니다.

'문화기획 달'이 제작하여 배포한 스티커, 드로잉 자정, 2017

저는 그 학부모들의 항의가 잘 이해되지 않았습니다. 그래서 제가 강의를 할 때 그 스티커를 이미지 자료로 보여준 적이 있는데요, 수강생 가운데 무섭다, 기분이 안 좋다, 불편하다는 등의 반응을 보인 분들이 실제로 있었습니다. 그중에서도 두 번째 드로잉이 불편하다는 반응이 가장 많았습니다. 피 흘리는 자신의 성기에 손을 대고 있는 여성 옆에 생리컵을 그린 것이었는데요, 핑크택스(Pink Tax, 동일 제품인데도 여성용이 더 비싼 현상)가 붙어서 비싸고 유해한 성분이 들어 있어 여성의 건강을 위협해도 제대로 관리나 감독을 하지 않는 일회용 생리대를 사용하는 여성들에게 영구적으로 사용할 수 있고 인체에 무해한 생리컵을 알리려고 했던 것 같습니다. 다리를 벌리고 있는 네 번째 드로잉도 보기에 불편하다는 반응이 많았습니다. 그것은 여성에게는 평소에 다리를 오므리고 '조신하게' 앉도록 교육하며, 여성이 다리를 벌리면 성적인 행위를 연상하게 하는 다양한 장치들이 존재하기 때문인 것 같습니다. 여성의 행동을 어떻게든 성적인 것과 연결시키려는 단순하고 편협한 사고의 회로는 대체 어떻게 고칠 수 있을까요?

저는 강의에서 다른 이미지도 보여주었습니다. 한 걸그룹 뮤직비디오의 한 장면이었는데, 멤버들이 생선 무늬의 옷을 입고 거대한 밥 모형 위에 기대 있는 모습이었습니다. 또 하나는 광고였는데 '몸매'가 좋은 것으로 부각되는 여성 연예인이 온몸을 결박당하고 누워 있는 채로 웃고 있는 사진이었습니다. 그런데 이 사진들에 대해서는 무섭다거나 불편하다는 반응이 없었습니다. 저에게는 스티커보다 후자의 이미지가 더 불편하고 기분이 안 좋았는데 말이지요. 그런 이미지가 무비판적으로 사용될 뿐 아니라 홍보의 기능까지 맡고 있다는 점이 더 문제라고 생각합니다. 그렇다면 이러한 시각의 차이는 어디에서 오는 걸까요?

유럽 미술의 '누드' 전통이 만들어낸 시각 문화는 여성을 남성을 위해 존재하는 성적 대상으로만 규정합니다. 이 시각 '전통'은 사진과 영상의 발달에 따라 대중매체에 고스란히 계승되었습니다. 자신의 지정 성별이 무엇인지와 관계없이 우리 모두에게 여성은 수동적인 이미지로 존재합니다. 여성이 주체로서 자신의 의사에 반하는 상황에 대해 분노, 항의, 거절 등을 표현하면 사람들은 불편해합니다. 여성이 성적 주체로서 자신의 욕망을 드러내도 마찬가지입니다. 앞의 드로잉처럼 남성 중심 사회에서 금기시하는, 여성의 몸에서 일어나는 일을 긍정하는 표현도 너무 낯선 풍경이기 때문에 두려워하거나 거부감을 느끼는 것입니다.

'누드'는 권력을 가진 소유자·정복자의 시선으로 소유물·노예 상태의 여성을 재현한 것입니다. 그 시선에 익숙해진 남성은 여성을 자신과 동등한 인간으로 생각하지 못합니다. 남성에게 자신의 기준과 의사가 있듯이 여성에게도 자신의 기준과 취향과 감정이 있고 그것을 표현하는 것이 당연하다는 것을 받아들이지 못하게 합니다. 따라서 상하 수직 관계의 일방적인 의사 표현이 아닌 동등한 관계에서 의사소통하는 방법을 배우지 못하게 막습니다. 정복하거나 정복당하는 이분법적인 관계가 아닌, 유동적이고 다양한 관계가 가능하다는 것을 이해하지 못하게 합니다. 여성에게는 스스로를 계속 남성의 시선으로 검열하게 만들고, 남성에게는 다양한 인간에 대한 입체적인 이해를 막는 것입니다.

'누드' 이미지는 과거의 회화는 물론이고 동시대의 회화, 사진, 영상 등 우리가 대중매체를 통해 접하는 거의 모든 이미지로 확산되어 나타납니다. 여성을 성적 대상으로만 보도록 만드는 '전통'이 현재의 우리에게 끼치는 영향은 매우 심각합니다. 그래서 저는 한 명의 여성으로서, 현대미술을 하는 작가로서, 우리 앞에 놓인 이미지가 모델로 삼은 여성을 '누드'로서 성적 대상화하는 재현을 했는지, 아닌지 진단하는 기준을 만들어보았습니다.

제가 참고한 것은 영화에서 성평등을 가늠하는 잣대로 만든 '벡델 테스트'입니다. 만화가인 앨리슨 벡델이 고안한 것으로 기준은 3가지입니다.

첫째, 영화 속에 이름을 가진 여성 캐릭터가 최소 두 사람이 나오는가?

둘째, 여성 캐릭터끼리 서로 대화를 나누는가?

셋째, 그 대화의 소재나 주제가 남자 이외의 것인가?

'벡델 테스트'를 통과한 영화는 별로 없다고 합니다. 흥행작 중에서는 특히 드문 것으로 보아, 영화를 만드는 사람들뿐 아니라 관객에게도 선택을 고민하게 만드는 효과가 있는 것 같습니다.

여기에서 힌트를 얻어 여성이 등장하는 이미지에 적용할 수 있는 '충열 테스트'를 고안했습니다. 뭔가 불편하지만 콕 집어 이야기하기 어려운 이미지를 만났을 때 적용해본다면 불편한 이유를 쉽게 설명할 언어를 찾을 수 있을 것입니다. 좋아하는 이미지들에 적용해보고 미처 깨닫지 못했던, 더 고민할 지점들을 발견할 수 있다면 좋겠습니다.

다음 장에서는 '성적 대상화'의 개념과 충열 테스트에서 제안하는 기준을 살펴보겠습니다.

8

충열
테스트

일상에서 수없이 접하는 이미지들에서
여성이 '누드'로 표현되었는지 아닌지를
간단하게 가릴 수 있는 기준을 제안합니다.

앞서 저는 '누드'를 '성별 이분법과 이성애를 기준으로 한 남성만이 적극적이고 능동적인 성적 욕망의 소유자라는 입장에서, 남성을 시선의 주체로 놓고 여성을 성적 대상화한 이미지'라고 정의했습니다. 철학자 샌드라 리 바트키는 '성적 대상화(sexual objectification)'를 사람이 신체 혹은 신체의 일부로 타인에 의해 소비되거나 이용될 수 있는 것처럼 취급되는 것이라고 설명했습니다. 또 다른 철학자 마사 누스바움은 성적 대상화된 이미지에서 다음과 같은 특징을 발견할 수 있다고 말했습니다.

1. 도구화: 자신의 목적을 위한 도구로 취급

2. 자율성 부인: 자율성이나 자기 결정권이 없는 것으로 취급

3. 비활성: 행위성이나 행동 능력이 없는 것으로 취급

4. 대체 가능성: 다른 것 혹은 유사한 것과 대체 가능한 것으로 취급

5. 가침성: 깨부술 수 있고 침입 가능한 것으로 취급

6. 소유: 타인에 의해 소유되고 거래될 수 있는 것으로 취급

7. 주체성 부인: 경험이나 감정이 고려되지 않아도 되는 것으로 취급

불필요한 신체 노출을 자연스러운 것으로 제시하면서 여성을 행위의 주체가 아니라 전시의 대상으로 만드는 것이 '시각 문화'로 자리 잡은 현재에, 남성의 성적 욕망을 충족시키기 위한 도구로서 여성을 표현했다면 옷을 다 벗지 않았다 하더라도 '누드'로서 재현한 것이라고 생각합니다. '누드'로서 재현된 여성은 무기력하고 수동적인 존재이어야 하기 때문에 잠이 들었거나 넋이 나가 있는 등 의식이 없는 상태로 설정되는 경우가 많습니다. 따라서 여성의 포즈는 '관능적'으로 보이는 것 외에 능동적인 행동이나 의도가 분명한 동작이 드러나지 않는다는 특징이 있습니다. 또한 현실에 존재할 만한 특정한 인물, 개성과 역사를 가진 사람이기보다 '여신', '아름다움', '섹시한 대상'으로 뭉뚱그려지고, 대체로 '젊은 여성'으로 재현됩니다.

누드화의 '전통'과 누스바움의 정의를 참고하여 우리가 일상에서 접할 수 있는 이미지(미술 작품—회화나 드로잉, 사진, 일러스트, 캐릭터 디자인, 대중매체와 광고 이미지 등)에서 여성이 '누드'로서 표현되었는지 여부를 간단하게 진단하는 기준을 다음과 같이 제안합니다.

> **★ 충열 테스트**
> ① 필연적인 노출인가?
> ② 표정과 동작의 의도가 명확한가?
> ③ 직업, 나이, 성격 등 개인적 특성을 알 수 있는가?

  세 가지 항목 중에 두 가지 이상을 충족할 수 없다면, 다시 말해 No가 두 개 이상이면 여성을 성적 대상화한 '누드'라고 할 수 있습니다. '충열 테스트'는 이미지가 옳은지 그른지, 문제가 있는지 없는지 '판결'하려는 것이 아닙니다. 모든 인간에게는 다양한 측면이 존재하는데 그중 하나인 성적인 매력을 표현하는 것 자체를 문제 삼고자 하는 것도 아닙니다. 다만 '여성'을 살아 있는 인간, '인격체'로서 표현하는 것이 아니라 단지 '소재'로서 사물처럼 표현하여 성적인 면만 부각시키는 재현 방식이 만연한 현 상황과, 그러한 이미지의 무비판적 수용이 미치는 영향력에 대한 고민을 부탁드리기 위해 간곡하게 제안하는 것입니다. 여성을 인격을 가진 주체가 아니라 단지 감상의 대상으로 만드는 것이 누드의 시작임을 기억하시기 바라면서, 앞에서 다뤘던 몇몇 작품을 다시 살펴보겠습니다.

1

① 필연적인 노출인가? (Yes / No)
② 표정과 동작의 의도가 명확한가? (Yes / No)
③ 직업, 나이, 성격 등 개인적 특성을 알 수 있는가? (Yes / No)

2

① 필연적인 노출인가? (Yes / No)
② 표정과 동작의 의도가 명확한가? (Yes / No)
③ 직업, 나이, 성격 등 개인적 특성을 알 수 있는가? (Yes / No)

3

① 필연적인 노출인가? (Yes / No)
② 표정과 동작의 의도가 명확한가? (Yes / No)
③ 직업, 나이, 성격 등 개인적 특성을 알 수 있는가? (Yes / No)

4

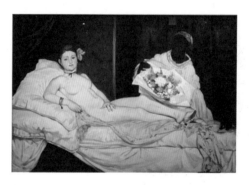

① 필연적인 노출인가? (Yes / No)
② 표정과 동작의 의도가 명확한가? (Yes / No)
③ 직업, 나이, 성격 등 개인적 특성을 알 수 있는가? (Yes / No)

[답]

1
① Well... 장군을 죽이기 전의 상황에 따라 여러 가능성이 있음.
② No! 의도를 읽을 수 없는 멍한 표정.
③ No! 젊은 여성이라는 점 외에 없음.
→ 누드

2
① Yes! 목욕을 하던 중이었음.
② Yes! 거부의 표정과 동작이 명확함.
③ No! 젊은 여성이라는 점 외에 없음.
→ 누드 아님

3
① No! 야외에서 나체로 자는 설정은 필연적이지 않음.
② No! 자고 있어서 의도를 알 수 없음.
③ No! 젊은 여성이라는 점 외에 없음.
→ 누드

4
① No! 매춘부 여성이라고 나체를 보여줄 필요는 없음.
② Yes! 그림 밖 관객을 빤히 응시하고 있음.
③ Yes! 매춘부 여성임이 드러남.
→ 누드 아님

그런데 말입니다. 남성이 여성 신체를 재현하면 누드로서 성적 대상화할 수밖에 없는 것일까요? 혹은, 이제는 여성이 남성과 같은 교육을 받을 수 있으니, 여성이 여성을 재현하면 남성과는 다른 시선과 방식이 '당연하게' 보장되는 것일까요? 그렇지는 않은 것 같습니다. 저는 숱한 작품과 전시에서 지정 성별 여성이 남성과 같은 시선으로 여성을 재현한 것을 보았습니다. 또 드물지만 지정 성별 남성이 여성을 대상화하지 않고 인격체로서 표현한 작품들도 있었습니다.

만약 가부장제 사회에서 그 누구도 여성에 대한 성적 대상화로부터 자유롭지 못하고, 결국 여성을 누드로 만드는 이미지를 생산하게 되어 여성 혐오에 기여하는 것이라면, 옷을 입지 않은 여성의 신체는 재현해서는 안 될 금기의 영역이 되어야 할까요? 그렇다면 결국 억압과 배제에 저항하는 '여성주의'가 또 다른 억압과 배제를 강요하는 것 아니냐고요? 앞에서 살펴본 몇몇 그림은 '누드 아님'으로 분류되었는데, 이처럼 누드가 아닌 여성 신체의 재현을 명명할 언어는 없을까요?

이탈리아 르네상스 연구의 권위자이자 내셔널 갤러리 최연소 관장으로 임명된 케네스 클라크는 『누드의 미술사』에서 네이키드(naked)와 누드(nude)를 구별합니다. 네이키드는 당혹감을 함축하는 알몸이라면서 누드는 "균형 잡힌 건강하고 자신만만한 육체, 즉 재구성된 육체"라는 것이지요. 하지만 저는 클라크의 주장에 동의할 수 없습니다. 여성의 신체를 건강하거나 자신만만하지 않게, 오히려 점점 더 사물처럼 재구성하는 관습이 '예술'로서 권위를 부여받은 역사가 있기 때문입니다.

시선의 주체인 남성에게 보이기 위해 여성의 신체는 단지 벌거벗은 상태의 몸이 아니라 '아름다움'을 표현하기 위해 각색됩니다. 누드는 욕망과 감정의 주체로서 자신을 표현하기보다 자신의 육체를 성적 대상으로서 탐닉할 누군가를 의식하고 있는 몸의 상태입니다. 그런 면에서 누드를 '전시된 육체'라고 표현할 수도 있겠네요. 누드는 벗었지만 시선이라는 강력한 옷을 입고 있는 것입니다.

저는 클라크가 누드를 칭송하기 위해 비교한 네이키드의 개념을 비틀어 사용하고자 합니다. 네이키드는 단지 옷을 입지 않은 몸의 상태입니다. 우리가 태어났을 때 옷을 입지 않은 것처럼, 옷이라는 껍데기를 걸치지 않은 상태. 어떤 꾸밈 장치도 없는, 누군가에게 어떻게 보일지가 중요하지 않은, 있는 그대로의 몸을 바로 네이키드라고 정의하고자 합니다. 네이키드는 숨기거나 가리거나 치장하지 않기 때문에 삶의 흔적과 현재가 드러납니다. 따라서 네이키드를 누드의 대안으로 제시하고자 합니다.

〈부러진 기둥〉, 프리다 칼로, 1944

거친 땅과 불안한 하늘이 맞닿은 수평선을 뒤로 하고, 한 여
인이 서 있습니다. 반 묶음을 한 머리는 자연스럽게 흐트러지
고, 짙은 눈썹은 견고해 보입니다. 눈물이 흐르지만 정면을 응
시하는 눈은 끊임없이 말을 건네려는 것 같습니다. 몸의 중앙
에 있는 부러진 기둥을 지탱하려는 듯, 단단해 보이는 하얀 띠
가 온몸을 감싸고 있습니다. 몸에 박힌 수많은 못이 그녀가 겪

고 있을 고통을 상상케 합니다. 갈라지고 부서지고 못 박혀 눈물 흘리지만, 그녀는 결코 나약해 보이지는 않습니다. 상체를 노출했지만, 다른 사람을 위해 또는 다른 사람에 의해 '옷이 벗겨진' 것이 아니라, 자신의 의지를 표현하기 위해 고통스러운 몸의 역사를 보여주는 적극적인 '선택'으로 보입니다.

이 그림은 멕시코 출신의 화가 프리다 칼로의 자화상입니다. 칼로는 열여덟 살에 교통사고로 척추와 오른쪽 다리, 자궁을 크게 다쳐 평생 서른 차례의 수술을 받아야 했습니다. 건강이 악화되어 1944년에 척추 교정용 코르셋을 착용하게 된 후 이 그림을 그린 것입니다. 칼로는 고통 속에 있는 자신을 연약하거나 수동적인 존재가 아니라, 황량한 대지 위에서도 우뚝 선 존재로서 표현했습니다. 이 그림은 옷을 입지 않았으나 성적 대상화된 여성—누드—이 아닌 하나의 인격체로서 표현된 네이키드입니다.

앨리스 닐이 80세에 그린 자화상 역시 네이키드의 좋은 예시입니다. 옷을 입고 있지 않은 이 자화상은 중력을 받아 처진 가슴, 나이 듦에 따라 자연스럽게 부풀어오른 배, 근육이 빠져나가 앙상한 종아리를 있는 그대로 보여줍니다. 몸을 통해 자신의 역사를 그려내던 노년의 여성 화가는 한 손에 붓을, 다른 한 손에는 물감과 오일을 닦아낼 수건을 들고 작업을 하다가 물끄러미 거울 속 자신 또는 그림 밖 관객을 응시합니다. 남성의 시선이 '보편'과 '객관'이 되어 '법칙'처럼 강요받는 미술 교육의 장과 미술 제도에서 여성 예술가로서 자신만의 시선을 끊임없이 찾아나간 여든의 닐. "나는 이렇게 나로서 살아 있소. 당신은 어떻소?"라고 묻는 듯한 이 그림을 처음 보았을 때의 감동을 잊을 수가 없습니다. 가부장제 사회에서 가치를 잃은, 추하다고 간주되었던 노년 여성의 몸을 당당하게 드러낸 닐은 아직까지도 그림 속에서 생존하며 우리에게 질문을 던지는 것 같습니다.

여러분은 누군가에게 보이기 위해 존재하는 누드인가요, 아니면 프리다 칼로나 앨리스 닐처럼 자신을 있는 그대로 긍정하며 본래의 모습을 드러낼 수 있는 네이키드인가요? 여성을 누드로서 인식하는 것을 '자연스럽다'고 여기는 사회라면 누구도 자신 있게 네이키드라고 답하기 어려운 것 같습니다.

드디어 마지막 장입니다.
문제를 풀면서
'누드' 감별 실력을 키워보세요.

9
실력 테스트

 지금까지 여성이 어떻게 재현되어왔는지, 문제점이 무엇이었
는지에 대해 이야기했습니다. 또한 성적 대상화된 누드와 다르
게 주체로서 표현한 네이키드도 살펴보았습니다. 정리하자면,
충열 테스트의 답 가운데 No가 더 많으면 누드, Yes가 더 많으
면 네이키드라고 보시면 됩니다.

 이제 여러분께 몇몇 이미지를 보여드릴 테니 '충열 테스트'를
거쳐 '누드'인지 '네이키드'인지 판단해보시기 바랍니다.

1

① 필연적인 노출인가? (Yes / No)
② 표정과 동작의 의도가 명확한가? (Yes / No)
③ 직업, 나이, 성격 등 개인적 특성을 알 수 있는가? (Yes / No)

2

① 필연적인 노출인가? (Yes / No)
② 표정과 동작의 의도가 명확한가? (Yes / No)
③ 직업, 나이, 성격 등 개인적 특성을 알 수 있는가? (Yes / No)

① 필연적인 노출인가? (Yes / No)
② 표정과 동작의 의도가 명확한가? (Yes / No)
③ 직업, 나이, 성격 등 개인적 특성을 알 수 있는가? (Yes / No)

4

① 필연적인 노출인가? (Yes / No)
② 표정과 동작의 의도가 명확한가? (Yes / No)
③ 직업, 나이, 성격 등 개인적 특성을 알 수 있는가? (Yes / No)

5

① 필연적인 노출인가? (Yes / No)
② 표정과 동작의 의도가 명확한가? (Yes / No)
③ 직업, 나이, 성격 등 개인적 특성을 알 수 있는가? (Yes / No)

6

① 필연적인 노출인가? (Yes / No)
② 표정과 동작의 의도가 명확한가? (Yes / No)
③ 직업, 나이, 성격 등 개인적 특성을 알 수 있는가? (Yes / No)

7

① 필연적인 노출인가? (Yes / No)
② 표정과 동작의 의도가 명확한가? (Yes / No)
③ 직업, 나이, 성격 등 개인적 특성을 알 수 있는가? (Yes / No)

8

① 필연적인 노출인가? (Yes / No)
② 표정과 동작의 의도가 명확한가? (Yes / No)
③ 직업, 나이, 성격 등 개인적 특성을 알 수 있는가? (Yes / No)

9

① 필연적인 노출인가? (Yes / No)
② 표정과 동작의 의도가 명확한가? (Yes / No)
③ 직업, 나이, 성격 등 개인적 특성을 알 수 있는가? (Yes / No)

10

① 필연적인 노출인가? (Yes / No)
② 표정과 동작의 의도가 명확한가? (Yes / No)
③ 직업, 나이, 성격 등 개인적 특성을 알 수 있는가? (Yes / No)

11

① 필연적인 노출인가? (Yes / No)
② 표정과 동작의 의도가 명확한가? (Yes / No)
③ 직업, 나이, 성격 등 개인적 특성을 알 수 있는가? (Yes / No)

12

① 필연적인 노출인가? (Yes / No)
② 표정과 동작의 의도가 명확한가? (Yes / No)
③ 직업, 나이, 성격 등 개인적 특성을 알 수 있는가? (Yes / No)

13

① 필연적인 노출인가? (Yes / No)
② 표정과 동작의 의도가 명확한가? (Yes / No)
③ 직업, 나이, 성격 등 개인적 특성을 알 수 있는가? (Yes / No)

[답]

1
① No!
② Well... 가슴을 가리고 있지만 부끄러워하는 표정이라기보다 느끼고 있는 표정.
③ No! 젊은 여성이라는 점 외에 없음.
→ 누드

2
① Well... 굳이 풀어헤쳐진 옷 사이로 가슴을 보일 이유가 있었을까?
② Well... 앉아서 모델을 하고 있음.
③ No! 젊은 여성이라는 점 외에 없음.
→ 누드

3
① Well... 유디트를 그린 것으로, 상황에 따라 여러 가능성이 있음.
② No! 눈이 게슴츠레하고 입이 벌어진 것으로 보아 성적인 감흥을 느끼고 있는 것으로 보이기도 하지만 머리를 들고 있는 것과 연결시키기 어려움.
③ No! 젊은 여성이라는 점 외에 없음.
→ 누드

4
① Yes! 당시 귀부인들이 입던 드레스로 큰 노출이 없음.
② Yes! 단호한 표정으로 적장의 목을 베기 위해 몸싸움을 하고 있음.
③ Yes! 적장을 죽이려는 용맹스러운 여성들로서 옷과 머리장식, 머릿수건 등으로 신분 유추 가능.
→ 네이키드

5
① No!
② Well... 눈치를 살피고 있는 것 같음.
③ No! 젊은 여성이라는 점 외에 없음.
→ 누드

6
① No! 시민혁명의 현장에 유일하게 있는 여성의 상의가 벗겨져 있는 것은 부자연스러움.
② Yes! 자신을 따르라는 듯이 깃발을 들고 앞서고 있음.
③ No! 젊은 여성이라는 점 외에 없음.
→ 누드

7
① No! 매춘부 여성들이라고 해서 반드시 나체를 보여줄 필요는 없음.
② No! 형식의 특성상 표정을 읽기 어려움.
③ No! 백인이 아니라는 정도.
→ 누드

8
① Yes! 목욕탕에서 옷을 벗고 있는 것은 필연적임.
② Yes! 물기를 닦거나 머리를 말리고 있음.
③ Well... 평범하고 건장한 장년 여성들.
→ 네이키드

9
① Yes! 뒤에 '천하제일 겨털대회'라고 쓰인 것으로 보아, 여성의 신체에 대한 고정관념에 저항하기 위한 행동으로 상체 노출을 선택함.
② Yes! 당당한 포즈로 각자의 개성을 드러내며 다양한 포즈를 취함.
③ Yes! 페미니스트라는 정체성을 전면에 드러내면서 여성에게는 금기시되었던 상체 탈의를 할 수 있을 정도로 신념이 확실하고 용감한 여성들임이 드러남.
→ 네이키드

　책의 앞부분에 언급했던 불꽃페미액션의 '찌찌해방 퍼포먼스' 사진이다. 여성의 가슴만을 성적인 대상으로 보는 시선에 저항하며 신체를 자유롭게 드러낼 권리를 주장하는 퍼포먼스로서, 정신을 잃거나 눕거나 전시된 누드와 다르게 여성들이 자신의 의지를 표현하고 있다.

10

① No! 전투기에 여성의 이미지가 있는 것 자체가 필연적이지 않고, 여성의 노출 또한 필연적이지 않음.

② Well... 가부장제 시각 문화에서 누워서 웃고 있는 여성은 남성을 '유혹'하는 것으로 해석되므로 유혹하는 것이 의도라고 볼 수도 있지만, 감정이 드러나지 않고 유혹의 의지가 구체적으로 드러나지는 않음.

③ No! 젊은 여성이라는 점 외에 없음.

→ 누드

　전투기에 그려진 여성은 전형적인 누드에서 자주 볼 수 있듯이 팔을 올린 자세로 누워 있으며, 속이 훤히 들여다보이면서 밀착된 옷을 입고 있다. 남성이 대다수인 군대에서 아이돌 여성이 출연하는 방송에 열광하고, '위문 공연'의 출연자를 거의 여성으로 배치하며, 여성 아이돌을 보면서 군대 생활을 '버티는' 것이 소위 '군대 문화'이다. 전투기에 그려진 여성을 성적 대상으로서 '보상'으로 인식하게 만드는 남성 혐오적인 군대 문화를 잘 보여준다.

11

① No! 차를 광고하는 것과 여성의 신체 노출은 필연적 관계가 없으며, 관습에 불과함.

② No! '광고'라는 목적이 분명한 설정 사진이지만, 모델들의 표정과 동작 자체에서 의도를 찾아내기는 어려움.

③ No! 젊고 '날씬한' 여성이라는 것 외에는 정보가 없음.

→ 누드

여성이 등장하는 광고 사진에서 눈여겨보아야 할 점은 그 여성에게 어떤 역할을 부여하고 있는가이다. 소비자를 남성으로 상정하여 '멋진 차'를 소유하면 '섹시한 여성'을 조수석에 앉힐 수 있고, 차를 사면 결국 여성도 '소유'할 수 있다는 식의 연상 작용을 촉진시키기 위해 특정한 몸매의 레이싱 모델들을 차와 함께 전시한다. 레이싱 모델이 실제 행사장에서는 정보 전달의 역할을 한다고 하더라도, 사진을 통해 만들어진 이미지에서 레이싱 모델은 성적인 대상으로 상품에 보조적인 가치를 부여하는 수동적인 존재, 몸으로서 재현되는 경우가 많다.

12
① Well... 비치발리볼이라는 종목의 특성상 비키니 형태의 운동복을 입기 때문에 불필요한 노출은 아니지만, 엉덩이 부분만 클로즈업하여 화면을 채운 것은 필연적이지 않음.
② No! 얼굴을 보여주지 않았기 때문에 표정을 알 수 없음.
③ No! 알 수 없음.
→ 누드

이 사진은 비치발리볼 여성 선수를 찍은 것인데, 여성의 얼굴을 생략한 채 노출된 신체만 보여주는 누드의 가장 극악무도한 사례다. 작전 사인을 보내는 동작 자체는 의도가 명확하지만, 그 모습을 담은 이미지는 가부장제 사회에서 '성적'으로 해석되는 엉덩이만을 주목하게 만듦으로써 선수를 인격체가 아니라 단지 살덩어리, 사물처럼 제시하고 있다. 운동선수는 활동의 특성상 신체를 중심으로 재현하게 된다. 그런데 그 종목의 특성이 보이는 동작이나 특징을 보여주는 방식과, 성적인 대상으로서 몸을 강조하여 보여주는 방식은 차이가 분명하다. 예를 들어 피겨 스케이팅 경기 장면의 사진을 떠올려보자. 고득점 포인트인 점프 장면이나 인상적인 퍼포먼스의 동작이 잘 드러나도록 찍은 사진과, 들어 올린 다리를 정면에서 찍거나 치마가 올라간 엉덩이를 중심으로 찍은 사진이 보여주고자 하는 바는 완전히 다르다.

13
① No! 캉캉춤을 추는 내내 속옷만 입은 다리 전체가 보이는 것은 아님.
② Well... 공연이라는 형식의 특성상 여성들의 미소가 이들의 진짜 감정을 드러낸 것인지 '감정노동'을 하고 있는 것인지 구분하기 어려움.
③ No! 젊은 여성 여럿이 각자의 개인성을 드러내는 것이 아니라 노출을 중심으로 전시되고 있음.
→ 누드

치어리더들이 경기장에서 캉캉춤을 추는 장면을 찍은 사진이다. 캉캉춤의 특징인 다리를 높이 들어 올리는 장면을 담는 방법은 다양할 수 있으나, 이 사진은 정면에서 다리를 집중적으로 보여주어 성적인 상상을 촉진시키고 있다. '누드' 이미지를 문제 삼을 때 초점은 '여성의 신체 노출이 얼마나 많은가?'가 아니라, 여성 신체를 '어떻게 재현하는가?'라는 것을 기억해주시길!

치어리더의 경우 경기장에서 관중의 응원을 이끄는 '리더'이지만, 다른 분야와 다르게 그 '리더' 자리를 여성들에게 '독점'시키고 있다는 특성이 있다. 남성 중심의 스포츠계에서 응원을 하는 존재를 여성만으로 설정하는 것부터 치어리더를 '응원을 이끄는 자'로 인식하는 것이 아니라 성적 대상화하려는 의도가 강하다고 볼 수도 있지만, 여기서 다루고자 하는 문제는 치어리더를 재현할 때 사진이라는 매체가 그들의 모습을 '어떤 방식으로 재현하는가?'이다. 치어리더 이미지 검색을 해본다면 부각하려는 신체의 특정 부분, 찍은 각도 등에서 충분히 일관성을 발견할 수 있을 것이다.

더 고민해보기

앞에서 '여성'의 재현에 대해서만 이야기했는데, '남성'의 재현에 대해서도 생각해봅시다. 179쪽 사진 중 왼쪽 작품 속 중앙에 있는 남성과, 오른쪽 작품의 남성을 비교하면서 다음 물음에 답해보세요.

1. 두 작품 중에 어느 것이 더 '여성적'인 이미지로 보이나요?

2. 그 이유는 무엇일까요?

3. 두 작품에서 각 인물이 차지하고 있는 공간 크기를 비교해보세요. 누가 더 큰 공간을 차지하고 있나요?

4. 인물이 차지하고 있는 공간의 크기와 능동성 또는 적극성의 상관관계에 대해 생각해보세요.

5. 두 인물의 팔다리에서 느껴지는 힘이 차이를 비교해보세요.

6. 여성의 신체를 표현한 이미지에서 인체가 차지하고 있는 공간의 크기는 어땠는지, 팔다리에는 힘이 들어가 있었는지 떠올려보세요.

　왼쪽은 아게산드로스, 아테노도로스, 폴리도로스가 공동 제작한 〈라오콘 군상〉으로, 기원전 1세기경 만들어진 대리석 조각입니다. 트로이를 함락시키려는 계획을 막으려 한 라오콘에게 포세이돈이 뱀을 보내 라오콘과 그의 두 아들을 죽이는 장면을 재현한 것인데요, 여기에 '충열 테스트'를 거쳐보겠습니다.

① 필연적인 노출인가?
　No! 신화에 나오는 인물이 모두 나체인 것은 아님.
② 표정과 동작의 의도가 명확한가?
　Yes! 뱀을 떼어내려는 동작과 고통스러워하는 표정이 드러남.
③ 직업, 나이, 성격 등 개인적 특성을 알 수 있는가?
　No! 중년의 근육질 남성이라는 점 외에는 드러나지 않음.

　No가 더 많으니 〈라오콘 군상〉은 누드라고 결론 내려도 무방할까요? 그렇지는 않은 것 같습니다. 〈라오콘 군상〉은 신의 뜻을 거스른 인간이 신의 저주를 받는 모습을 표현함으로써 운명을 거스르지 말라는 '교훈'을 전달하기 위해 라오콘과 두 아들이 고통스러워하는 모습을 드러내는 것이 중요했습니다. 또한 조각가들이 자신의 실력을 증명하기 위해 근육을 사실적으로 묘사하는 것이 필요했을 것입니다. 그런데 여성이 등장하는 그림이나 조각에서도 신화나 성경의 이야기를 차용하는 경우가 많지만 그 내용에 충실한 것은 드뭅니다. 설사 내용에 충

실하더라도 "여성 때문에 인류가 원죄를 지게 되었다", "여성
은 성적으로 유혹하기 때문에 위험하다", "여성은 유혹하는
존재다", "남성이라면 아름다운 여성에게 성적 욕망이 들끓어
야 한다" 등의 결론으로 연결되는 것이 대부분입니다.

그렇다면 이성애자 여성이 〈라오콘 군상〉을 보면 남성을 성
적인 대상으로, 자신의 소유물이자 성적 파트너로서 상상하게
될까요? 근육질 남성의 벗은 이미지가 시각 문화 속에 기본적
으로 자리 잡아서, 여성이 남성을 보면 반사적으로 벗은 모습
을 떠올리면서 성적으로 지배하고자 하는 욕망을 품나요? 아
닙니다. 인류 역사상 가장 오래된 제도이자 규범인 가부장제에
서 여성과 남성의 권력관계 작용을 그렇게 단순하게 바꿔 생각
할 수는 없는 것입니다.

이번에는 179쪽의 오른쪽 조각을 살펴볼까요? 이 작품의 제목은 〈죽어가는 노예〉입니다. 미켈란젤로가 1513년에 만든 것으로 "죽음이 곧 해방"이라는 역설적인 비극을 표현했다는데요, 남성을 근육질의 강인한 몸으로서 표현하는 대부분의 작품과는 다르다는 것을 알 수 있을 것입니다. 이 작품은 여성의 신체를 표현할 때처럼 척추를 비틀어 완만한 S라인으로 만들었고 근육을 크게 강조하지 않았으며, 무엇보다 가슴 쪽에 가로 띠를 표현하여 옷을 걷어 올리는 것처럼 보이게 하고 한쪽 젖꼭지를 섬세하게 표현했습니다. 율리우스 2세의 무덤 장식을 위해 제작한 '전쟁 전리품으로서의 노예상'이라는 배경을 감안하더라도 왜 남성 노예를 '여성적'으로 표현했는가 하는 의문이 듭니다. 왜 미켈란젤로는 '전리품'으로서 표현한 '노예'에게 여성의 신체를 재현할 때 자주 사용하는 포즈를 취하게 했을까요? 자신의 능력을 증명하고 과시할 수 있는 전리품=소유물인 노예는 '같은' '남성'이 아니기 때문에 '여성적'으로 표현한 것이고, 다시 말해 '남성'에게 '여성'은 노예와 같은 전리품이라는 뜻이겠지요. "10분 더 공부하면 마누라(의 얼굴 또는 몸매)가 바뀐다"라는 어느 남학교의 급훈이 우스갯소리로만 다가오지 않는 것은 우리 사회의 일면을 담고 있기 때문입니다.

이어서 볼 조각은 〈죽어가는 노예〉와 함께 율리우스 2세의 무덤을 장식하기 위해 만든 〈저항하는 노예〉입니다.

　미켈란젤로는 이 작품에서 결박당한 두 손을 풀기 위해 몸을 비틀며 온몸에 힘을 주어 팔과 어깨, 등과 배 근육까지 불끈불끈 솟아오른 모습으로 노예를 표현했습니다. 둘 다 남성 노예이지만, 저항하려는 능동적 의지를 가진 노예는 강인한 육체로 남성성을 강조하여 표현하면서도 성기를 가려주고, 힘을 잃고 죽어가는 존재는 더 이상 '남성'이 아니므로 '여성'처럼 표현한 것이지요. 두 조각품을 보면서 미켈란젤로를 '천재 작가'로 손꼽는 우리의 '예술'에 대해 다시 생각해봅니다. 이러한 메시지를 '예술'로서 칭송하고 불변의 진리라고 하는 것이 가부장제 사회에서 세계를 지배하고, 창조하고, 소유하고자 하는 '남성'이 '여성'을 통제하기 위한 방법이 아닐까요?

나오머

「소나기」의 '소녀'와 같은 또래의 한 소녀가 있었습니다. 학교에서 아침자습 문제를 내는 역할을 맡았는데, 어떤 문제를 내면 친구들에게 도움이 될지 고민하는 것이 좋았습니다. 의자 위에 올라서서 커다란 칠판 위에 가득, 맨 뒷자리 친구들에게까지 잘 보이도록 또박또박 커다랗게 문제를 적는 일은 소녀에게 큰 자부심을 주었답니다. 소녀는 친구들에게 성실성과 책임감을 인정받고 싶었습니다. 하지만 소녀에게 돌아온 것은 몸매를 품평하는 말들뿐이었습니다. 또래보다 성장이 빨랐던 몸을 남자아이들은 '칭송'했지만, 소녀는 전혀 기쁘지 않았습니다. 오히려 모욕감을 느꼈습니다. 소녀가 한 고민, 노력, 실천이 전부 무시당하고 몸으로만 여겨지는 것 같았습니다. 소녀는 분열과 혼란에 휩싸이게 되었지요.

권력자의 주문에 따라 지배 이데올로기를 재현하고 전파하는 것이 화가의 역할이었던 시대가 지나고, 한 사람의 시민으로서 화가가 자율적으로 작품을 창작하면서 다양한 시선을 표현하는 것이 가능해진 지 오래입니다. 하지만 대중매체는 과거

에 소수의 지배자들(백인, 남성, 귀족이나 자본가, 지식인, 이성애
자, 비장애인, 비청소년 등)의 욕망과 시선을 '기준' 삼아 만들어
낸 재현 방식을 그대로 따르고 있습니다. 여성에게 '성적 대상'
으로서 '아름다움'을 갖추도록 독려하고, '아름다운 여성'만을
긍정적으로 보여주는 것이 그 증거이지요. 앵그르가 '터키탕'을
상상하며 무방비 상태의 여성을 열쇠 구멍으로 훔쳐보듯 그린
그림은 여전히 '명작'이라 불립니다.

과거에는 거대한 권력을 가진 소수의 남성들만이 '보기에 좋
은 여성'을 담은 그림/예술품을 소유하여 그림 속 여성들까지
도 '소유'할 수 있었습니다. 과거의 재현 방식에 대한 비판 없
이 디지털 매체는 발달했고, 이제는 타인을 침해함으로써 권력
자가 되려는 욕망을 손쉽게 충족시킬 수 있습니다. 여성을 마
음대로 봄으로써 '남성은 여성보다 우월하다'는 의식을 확인
하고 공유하는 '문화'가 돈을 만들어주는 사회입니다. 과거에
는 남성이 여성도 같은 인간임을 알지 못했습니다. 따라서 여
성 인격을 침해하는 것이 폭력이고 범죄라는 것도 몰랐지요.
하지만 이제는 알아야 합니다. 시민, 동료, 사회 구성원으로서
역할을 맡고 존재하는 여성을 수단으로 삼아 자신의 욕망과
이익을 취하는 것은 인격체를 파괴하고 공동체의 질서를 위협
하는 심각한 범죄라는 것을요.

소녀가 자라서 어엿한 어른이 되었습니다. 소녀는 '여성'이라는 몸의 틀 속에 갇힌 누드가 되지 않으려 애써왔습니다. 이제, 타협과 저항을 반복하며 혼란스런 시간들을 살아낸 소녀가 대화를 요청합니다. 가부장제에서 부여한 여성의 가치와 위치를 받아들인 채 자신을 시선의 '대상'으로 붙박아놓는다면 옷을 벗지 않았더라도 누드와 다름없을 것입니다. 남성이 만들어놓은 시각 문화를 그대로 수용하는 대신, 역사적 인격체로서 자신을 바라보고 자기답게 표현할 수 있는 네이키드가 더 많아지면 좋겠습니다. 무엇보다 과거로부터 온 '시각 문화'가 현대에 미치는 영향이 무엇인지 고민하면서 여성을 재현하는 방식에 대해 더 다양한 문제 제기의 릴레이를 이어갔으면 좋겠습니다. 더 많은 분야에서 남성 중심의 시선에 대한 재고와 비판이 가능할 것입니다. 대한민국에서 현대미술을 하는 여성 작가는 이런 관점으로 볼 수도 있구나, 생각하며 여러분도 저에게 비판적인 거리를 두고 이 책의 내용에서 설득력 있는 것, 동의할 수 있는 것, 공감할 수 있는 것들을 선택하여 받아들이셨으면 좋겠습니다. 그 어떤 것도 절대적인 것은 없으니까요.

참고 문헌

그레그 베일리, 박인용 옮김, 『세계의 신화 1— 그리스 로마 신화』, 생각의나무, 2009

로지카 파커·그리젤라 폴록, 이영철·목천균 옮김, 『여성 미술 이데올로기』, 시각과언어, 1995

리브 스트룀키스트, 맹슬기 옮김, 『이브 프로젝트』, 푸른지식, 2018

메리 앤 스타니스제프스키, 박이소 옮김, 『이것은 미술이 아니다』, 현실문화, 2011

박차민정, 『조선의 퀴어』, 현실문화, 2018

빌 브라이슨, 박중서 옮김, 『거의 모든 사생활의 역사』, 까치, 2011

솔 레브모어·마사 누스바움, 김상현 옮김, 『불편한 인터넷』, 에이콘출판, 2012

알렉상드라 라피에르, 함정임 옮김, 『불멸의 화가 아르테미시아』, 민음사, 2001

에른스트 H. 곰브리치, 백승길·이종숭 옮김, 『서양미술사』, 예경, 2013

우에노 지즈코, 나일등 옮김, 『여성 혐오를 혐오한다』, 은행나무, 2012

윤익영, 『서양미술의 꽃, 누드』, 참터미디어, 2012

이케가미 히데히로, 송태욱 옮김, 『관능미술사』, 현암사, 2015

존 버거, 최민 옮김, 『다른 방식으로 보기』, 열화당, 2012

케네스 클라크, 이재호 옮김, 『누드의 미술사』, 열화당, 1993

탈리아 구마 피터슨·패트리샤 매튜스, 이수경 옮김, 『페미니즘 미술의 이해』, 시각과언어, 1994

패트리샤 힐 콜린스, 박미선·주해연 옮김, 『흑인 페미니즘 사상』, 도서출판 여이연, 2009

페터 뷔르거, 최성만 옮김, 『아방가르드의 이론』, 지식을만드는지식, 2009

이미지 목록

진단 테스트
1) 〈아담의 창조〉, 미켈란젤로 부오나로티, 1508-1512
2) 〈인간의 타락과 에덴동산에서의 방출〉, 미켈란젤로 부오나로티, 1508-1512
3) 〈성 테레사의 엑스터시〉, 조반니 로렌초 베르니니, 1647-1652
4) 〈피에타〉, 미켈란젤로 부오나로티, 1498-1499
5) 〈샘〉, 장 오귀스트 도미니크 앵그르, 1856, 〈아비뇽의 여인들〉, 파블로 피카소, 1907
6) 〈민중을 이끄는 자유의 여신〉, 외젠 들라크루아, 1830
7) 〈왕립 아카데미 회원들의 초상〉, 요한 조파니, 1771-1772
8) 〈잠자는 비너스〉, 조르조네-티치아노, 1541
9) 〈우르비노의 비너스〉, 티치아노, 1538

실력 테스트
1) 〈봄이 돌아오다〉, 윌리엄 부그로, 1886
2) 〈장미꽃을 꽂은 금발 여인〉, 피에르오귀스트 르누아르, 1915-1917
3) 〈유디트〉, 구스타프 클림트, 1901
4) 〈홀로페르네스의 머리를 베는 유디트〉, 아르테미시아 젠틸레스키, 1612
5) 〈젊은 여인의 초상〉, 라파엘로 산치오, 1519
6) 〈민중을 이끄는 자유의 여신〉, 외젠 들라크루아, 1830
7) 〈아비뇽의 여인들〉, 파블로 피카소, 1907
8) 〈말리기〉 조안 셈멜, 1990년대
9) 〈찌찌해방 퍼포먼스〉, 불꽃페미액션, 2018
10) 전투기에 그려진 여인, 20세기 중반
11) 레이싱 모델들, 연합뉴스
12) 비치발리볼 선수들의 사인, 연합뉴스
13) 치어리더들의 캉캉춤, 연합뉴스

더 고민해보기
〈라오콘 군상〉, 아게산드로스·아테노도로스·폴리도로스, 기원전 1세기경
〈죽어가는 노예〉, 미켈란젤로 부오나로티, 1513-1516
〈저항하는 노예〉, 미켈란젤로 부오나로티, 1513

이미지 제공

22쪽 〈아비뇽의 여인들〉, © 2019-Succession Pablo Picasso-SACK(Korea)
138쪽 〈불가능한 것에 대한 시도〉, © René Magritte/ADAGP, Paris-SACK, Seoul, 2019
144쪽 '문화기획 달' 제작, 자정 드로잉
167쪽 〈말리기〉, © 2019 Joan Semmel/ARS, NY/SACK, Seoul
167쪽 〈찌찌해방 퍼포먼스〉, 불꽃페미액션
168쪽 레이싱 모델들, 연합뉴스
169쪽 비치발리볼 선수들의 사인, 연합뉴스
169쪽 치어리더들의 강강춤, 연합뉴스

화가들은 왜 비너스를 눕혔을까?
우리가 '여신' 칭송을 멈춰야 하는 이유

초판 1쇄 발행 2019년 3월 8일
지은이 이충열
펴낸이 이효진
디자인 Studio Marzan 김성미
인쇄 스크린그래픽
펴낸곳 한뼘책방
등록 제25100-2016-000066호(2016년 8월 19일)
주소 (03690) 서울시 서대문구 가재울로2안길 29-14
전화 02-6013-0525
팩스 0303-3445-0525
이메일 littlebkshop@gmail.com
인스타그램, 트위터, 페이스북 @littlebkshop
ISBN 979-11-962702-5-4 03330